# 공부감각을 키워주는

부

각을 키워주는

# 영문법+쓰기

초등 내신 서술형 맛보기

**1**

**공부 감각을 키워주는 영문법+쓰기 ❶**

지은이 넥서스영어교육연구소
펴낸이 임상진
펴낸곳 (주)넥서스

초판 1쇄 발행 2020년 2월 3일
초판 2쇄 발행 2020년 2월 7일

출판신고 1992년 4월 3일 제311-2002-2호
10880 경기도 파주시 지목로 5
Tel (02)330-5500 Fax (02)330-5555

ISBN 979-11-6165-893-3 64740
979-11-6165-892-6 (SET)



www.nexusbook.com

※집필에 도움을 주신 선생님
: Hyunju Lim, McKathy Green, Shawn, Julie

공감 부 각을 키워주는

# 영문법+쓰기

통통 내신 서술형 맛보기 **1**

통문장
암기 훈련
워크북 포함

ABC

넥서스영어교육연구소 지음

넥서스에듀

# Q 영어 서술형은 어떻게 준비해야 할까요?

서술형 문제 비중이 점차 높아지고 있습니다. 각 지역마다 차이는 있지만 최소 30%~최대 50%이상 서술형 문제가 중간, 기말고사에 등장하고 있습니다. 학생들은 서술형이 너무 어렵다고 하면서도 어떻게 준비해야 할지를 모르는 경우가 많아, 객관식에서 거의 맞았음에도 불구하고 좋은 등급을 얻을 수 있는 고득점을 얻기에는 턱없이 부족한 점수가 나옵니다.

### 서술형은 이제 필수 준비 항목!

서술형을 포기하면 답이 없다!

### 그렇다면, 해결 방법은?

★ 머릿 속에 문법 지도가 있어야 한다.
★ 문법을 사용해 제대로 문장을 쓰는 훈련을 한다.

### 하나 더! 통문장 암기 반복 훈련

★ 쓰면서, 말하면서, 통문장을 반복해서 암기한다.

### 가장 확실하고 빠르게 서술형 만점 받는 비결!

〈공감 영문법+쓰기〉 훈련만이 살 길이다!

"**공부 감**각을 키워주는 **영문법+쓰기**" 시리즈는 중학교 내신 서술형 문제를 미리 알아보고, 대비하고 싶은 학생들을 위해 개발되었습니다. 개정 교과서를 전체적으로 철저히 분석한 후, 중학교 1학년~2학년 과정의 핵심 영문법을 바탕으로 시험에 꼭 나오는 문제 중심으로 개발되었습니다. 또한 영문법은 물론, 문장 쓰기까지 마스터할 수 있도록 구성하였습니다. 현재 예비 중학생으로서 중등 영어가 고민된다면, "공감 영문법+쓰기" 시리즈로 먼저 시작해 보세요! 영어 내신 점수는 물론, 영어 문법 및 쓰기 실력까지 완벽하게 갖출 수 있으리라 기대합니다.

넥서스영어교육연구소

# Features

## 영문법 핵심 포인트를 한눈에!
## 기본 개념 Check-up

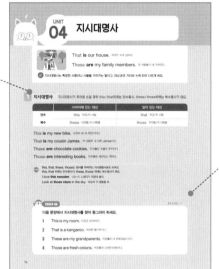

핵심 문법 내용이 한눈에 보이도록 대표 문장을 소개하고, 문법 내용을 도식화하였습니다. 추가적인 문법 포인트는 Tips에 담았습니다.

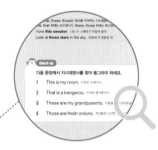

핵심 문법을 Check-up 문제를 통해 간단히 개념 정리할 수 있습니다.

## Step by Step
## 단답형&서술형

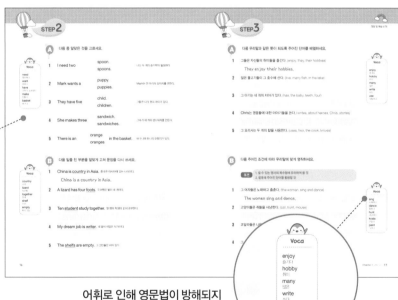

단계별 단답형, 서술형 문제를 통해 완전한 문장을 쓸 수 있는 훈련을 하게 됩니다. 내신 기출문제에서 등장하는 조건에 유의하여 서술형 대비 훈련을 자연스럽게 할 수 있습니다.

어휘로 인해 영문법이 방해되지 않도록 어휘를 제시하였습니다. 서술형 대비를 위해서는 어휘는 기본적으로 암기해야 합니다.

# 중등 내신 서술형 맛보기
## 단답형&서술형

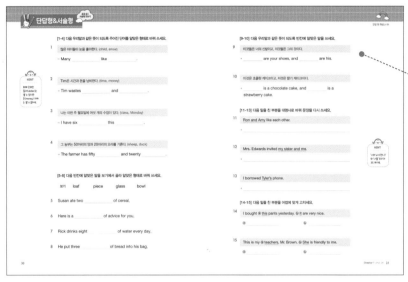

학교 시험에서 자주 등장하는 단답형, 서술형 문제유형을 통해 앞에서 학습한 내용을 복습하는 과정입니다. 핵심 문법 포인트를 기억하며 시간을 정해 놓고 시험 보듯이 풀어본다면 영작 실력 향상은 물론 서술형 시험을 완벽 대비할 수 있습니다.

# 통문장 암기 훈련
## 워크북

앞에서 학습한 내용을 통문장으로 영작해 보는 훈련을 하도록 구성하였습니다. 문법 핵심 포인트를 활용하여 문장을 쓰다 보면, 영문법 및 쓰기 실력이 쑥쑥 향상됩니다.

정답 및 해석&해설

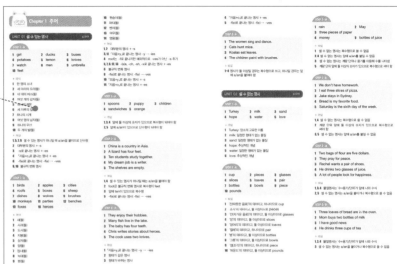

Check-up부터 각 Step에 있는 문장의 해석이 들어 있습니다. 해석을 보고 영어로 말하고 쓸 수 있도록 정답지를 활용해 보세요. 간단한 해설을 통해 문법 포인트를 확인할 수 있습니다.

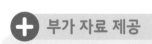 부가 자료 제공

www.nexusbook.com | www.nexusEDU.kr

모바일 단어장
VOCA TEST

  +   + 동사형 변화표 & 테스트지　기타 온라인 자료

다양한 어휘 자료
어휘 출제 마법사
어휘 리스트 & 어휘 테스트
모바일 단어장 & VOCA TEST

내신 + 서술형 추가 문제
통문장 암기 훈련
챕터별 리뷰 테스트

기타 활용 자료
동사형 변화표 / 문법 용어 정리
비교급 변화표 등

## Contents

### 문장의 1순위는 나야 나! 주어

**Chapter 1**

### 문장의 2순위는 나야 나! be동사

**Chapter 2**

### 문장의 3순위는 나야 나! 일반동사

**Chapter 3**

**Chapter 4**

# 문장의 2, 3순위의 과거를 폭로하마! 동사의 과거형

**Chapter 5**

# 문장의 또 다른 모습은 무엇일까? 진행형과 미래시제

공감 부 각을 키워주는
영문법+쓰기 ②

# 공부 감각을 키워주는
## 영문법+쓰기 ① ②

# 이렇게 공부해 보세요!

**1**

### 영문법
### 핵심 포인트

**Unit별 필수 문법
포인트 이해하기**

❶ Chapter 시작
할 때 나오는
단어를 암기한다.

❷ 필수 문법 포인트
를 꼼꼼히 읽는다.

**2**

### Step by Step
### 중등 내신 훈련

**Unit별 필수 문법
활용 문장 만들기**

❶ 문제 옆에 제시된
voca를 활용하여
문장을 만든다.

❷ 만든 문장이 맞는
지 확인한다.

❸ 틀린 문장을
다시 확인한다.

**3**

### 서술형 맛보기
### 단답형 & 서술형

**Chapter별
시험에 나오는 문제
미리 체험해 보기**

❶ HINT를 참고하여
문장을 만든다.

❷ 만든 문장이 맞는
지 확인한다.

❸ 틀린 문장을
다시 확인한다.

❹ 추가로 제공되는
문제를 다운로드
하여 풀어본다.

**4**

### 통문장 암기 훈련
### (워크북)

**Unit별 통문장
암기 훈련**

❶ 통문장 암기 훈련
워크북을 푼다.

❷ 틀린 문장을 다시
써 본다.

❸ 문장을 큰 소리로
읽으며 다시 써
본다.

### 영문법+쓰기
### 서술형 완성!

**도전! 만점!
중등 내신 서술형**

❶ 영어를 문장으로
쓸 수 있게 된다.

❷ 표현하고 싶은 말
을 영어로 쓸 수
있다.

❸ 영어에 자신감이
생겨 실력이 쑥쑥
향상된다.

❹ 중학교 내신 대비
단답형+서술형
문제를 완벽히 파
악하여 만점에 대
비할 수 있다.

21일 완성

계획을 세우고,
매일 매일 실천하다 보면
어느새 영어가 술술~

도착

Unit 5
Chapter Review
Unit 4

Unit 5
Chapter Review

Chapter 5

Unit 1       Unit 2       Unit 3

Unit 4       Unit 3       Unit 2       Unit 1

Chapter 4

Chapter 3

Unit 1       Unit 2       Unit 3

Unit 4
Chapter Review

Unit 3
Chapter Review

Unit 2       Unit 1

Chapter 2

Unit 4
Chapter Review

출발

Chapter 1

Unit 1       Unit 2       Unit 3

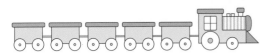

# Chapter 1

## 문장의 1순위는 나야 나!

주어

# 셀 수 있는 명사

There is a boat on a river. 강 위에 보트 하나가 있다.

A man is catching a fish. 한 남자가 물고기를 잡고 있다.

✓ 명사는 사람이나 동물, 사물, 장소 등을 나타내는 말로, 셀 수 있는 명사와 셀 수 없는 명사로 구분해요.

## 1 셀 수 있는 명사 　셀 수 있는 명사는 하나를 나타낼 때 a/an을 붙여야 해요.

| 사람 | a boy | a man | a woman | a father | a student | an uncle |
|---|---|---|---|---|---|---|
| 사물 | a book | a cup | a chair | a table | a phone | an airplane |
| 동·식물 | a tree | a bear | a flower | a rose | a bird | an iguana |
| 장소 | a house | a school | a room | a zoo | a park | an apartment |

**tips** 발음이 모음(a, e, i, o, u)으로 시작되는 것은 an을 붙여요.
**an** hour[auər]　**an** umbrella[ʌmbrélə]　**an** iguana[igwáːnə]

## 2 셀 수 있는 명사의 복수형 　셀 수 있는 명사가 둘 이상을 나타낼 때 복수형으로 써야 해요.

| 규칙변화 | 대부분의 명사 | + -s | cats, books, maps, houses, stars |
|---|---|---|---|
| | -(s)s,-ch,-sh,-x로 끝나는 명사 | + -es | buses, benches, dishes, boxes |
| | 「자음+o」로 끝나는 명사 | + -es | heroes, potatoes, tomatoes<br>(예외) pianos, photos |
| | 「자음+y」로 끝나는 명사 | -y →+ -ies | baby – babies, candy – candies,<br>lady – ladies, story – stories |
| | 「모음+y」로 끝나는 명사 | + -s | boys, days, keys, monkeys |
| | -f(e)로 끝나는 명사 | -f(e)<br>→+ -ves | knife – knives, leaf – leaves,<br>wolf – wolves, life – lives　　(예외) roofs |
| 불규칙변화 | 형태가 바뀌는 명사 | man – men, woman – women, foot – feet, tooth – teeth,<br>mouse – mice, child – children, person – people | |
| | 형태가 같은 명사 | fish – fish　　　　sheep – sheep | |

**tips**  pants(바지), shoes(신발), glasses(안경), scissors(가위) 등과 같이 한 쌍으로 이루어진 명사는 대개 복수형으로 써요.

 **A** 다음 그림을 보고 주어진 단어를 알맞은 형태로 바꿔 쓰세요.

**1**  a     girl
(girl )

**6** three
(knife)

**2** three
(duck)

**7** a
(watch)

**3** four
(bus)

**8** six
(man)

**4** six
(potato)

**9** an
(umbrella)

**5** a
(lemon)

**10** two
(foot)

**Voca**

duck 오리
potato 감자
watch 손목시계
umbrella 우산
foot 발

 **B** 다음 명사의 복수형을 쓰세요.

**1** bird     birds

**8** wolf

**2** apple

**9** brush

**3** city

**10** monkey

**4** roof

**11** party

**5** box

**12** bench

**6** sheep

**13** fox

**7** dish

**14** hero

**Voca**

roof 지붕
wolf 늑대
brush 붓, 솔, 빗
party 파티
fox 여우

## STEP 2

**Voca**

need
필요하다
want
원하다
have
가지다. 소유하다
make
만들다
basket
바구니

**1** I need two ⚪ spoon.
⚪ spoons.

나는 두 개의 숟가락이 필요하다.

**2** Mark wants a ⚪ puppy.
⚪ puppies.

Mark는 한 마리의 강아지를 원한다.

**3** They have five ⚪ child.
⚪ children.

그들은 다섯 명의 아이가 있다.

**4** She makes three ⚪ sandwich.
⚪ sandwiches.

그녀가 세 개의 샌드위치를 만든다.

**5** There is an ⚪ orange ⚪ oranges in the basket.

바구니에 하나의 오렌지가 있다.

B 다음 밑줄 친 부분을 알맞게 고쳐 문장을 다시 쓰세요.

**Voca**

country
나라
lizard
도마뱀
together
함께
shelf
선반
empty
비어 있는

**1** China is <u>country</u> in Asia. 중국은 아시아에 있는 나라이다.

China is a country in Asia.

**2** A lizard has four <u>foots</u>. 도마뱀은 발이 네 개이다.

**3** Ten <u>student</u> study together. 열 명의 학생이 같이 공부한다.

**4** My dream job is <u>writer</u>. 내 꿈의 직업은 작가이다.

**5** The <u>shelfs</u> are empty. 그 선반들은 비어 있다.

16

 **A** 다음 우리말과 같은 뜻이 되도록 주어진 단어를 배열하세요.

**1** 그들은 자신들의 취미를 즐긴다. (enjoy, they, their hobbies)

They enjoy their hobbies.

**2** 많은 물고기들이 그 호수에 산다. (live, many fish, in the lake)

**3** 그 아기는 네 개의 치아가 있다. (has, the baby, teeth, four)

**4** Chris는 영웅들에 대한 이야기들을 쓴다. (writes, about heroes, Chris, stories)

**5** 그 요리사는 두 개의 칼을 사용한다. (uses, two, the cook, knives)

**Voca**
................

enjoy
즐기다
hobby
취미
many
많은
write
쓰다
use
사용하다

 **B** 다음 주어진 조건에 따라 우리말에 맞게 영작하세요.

**조건**
1. 셀 수 있는 명사의 복수형에 유의하여 쓸 것
2. 괄호에 주어진 단어를 알맞게 바꿔 활용할 것

**1** 그 여자들은 노래하고 춤춘다. (the woman, sing and dance)

The women sing and dance.

**2** 고양이들은 쥐들을 사냥한다. (cat, hunt, mouse)

**3** 코알라들은 나뭇잎을 먹는다. (koala, eat, leaf)

**4** 그 아이들은 붓들을 가지고 그림을 그린다. (the child, paint with, brush)

**Voca**
................

sing
노래하다
dance
춤추다
hunt
사냥하다
koala
코알라
paint
그리다

# UNIT 02 셀 수 없는 명사

Ian works for **money** and **happiness**. Ian은 돈과 행복을 위해 일한다.

A cup of **coffee** is on the desk. 커피 한 잔이 책상 위에 있다.

## 1 셀 수 없는 명사    셀 수 없는 명사는 a/an을 붙이거나 복수형으로 쓸 수 없어요.

| 물질명사 | 일정한 형태가 없어서 셀 수 없는 물질 | water<br>flour | air<br>bread | furniture<br>snow | money<br>paper |
|---|---|---|---|---|---|
| 고유명사 | 사람, 장소, 사물의 고유한 이름<br>(첫 글자는 대문자로 씀) | Korea<br>Mt. Everest | American<br>March | London<br>Monday | Amy |
| 추상명사 | 추상적인 개념 | love<br>homework | peace<br>news | beauty<br>happiness | hope<br>advice |

## 2 셀 수 없는 명사의 수량 표현    셀 수 없는 명사는 계량 단위나 용기를 이용해서 수를 나타내요.

| 조각 | a **piece** of / two **piece**s of | cake, pie, paper, advice, furniture |
|---|---|---|
| 잔 (일반적으로 따뜻한 음료) | a **cup** of / two **cup**s of | coffee, tea |
| 잔 (일반적으로 차가운 음료) | a **glass** of / two **glass**es of | water, milk, juice |
| 병 | a **bottle** of / two **bottle**s of | water, milk, juice, wine, shampoo |
| 그릇 | a **bowl** of / two **bowl**s of | cereal, soup, salad |
| 얇은 조각 | a **slice** of / two **slice**s of | cheese, pizza, toast |
| 덩어리 | a **loaf** of / two **loa**ves of | bread, meat |
| 파운드 (무게 단위) | a **pound** of / two **pound**s of | flour, sugar, meat |
| 자루 | a **bag** of / two **bag**s of | rice, flour |

 **tips** 한 쌍으로 이루어져 복수형으로 쓰는 명사 gloves, pants, jeans, shoes, scissors 등은
a pair of, two pairs of를 써서 수를 나타내요.

My brother has **four pairs of jeans**. 나의 형은 청바지가 네 벌이 있다.

**A** 다음 문장에서 셀 수 없는 명사를 찾아 동그라미 하세요.

**1** They are from Turkey. 그들은 터키 출신이다.

**2** We drink milk every day. 우리는 매일 우유를 마신다.

**3** The kids are playing with sand. 아이들은 모래를 가지고 놀고 있다.

**4** There is hope for us. 우리에게 희망이 있다.

**5** The water is so deep. 그 물은 매우 깊다.

**6** They are in love. 그들은 사랑에 빠졌다.

> **Voca**
> ..............
> from
> ~ 출신의
> drink
> 마시다
> every day
> 매일
> kid
> 아이
> sand
> 모래
> hope
> 희망
> deep
> 깊은

**B** 다음 우리말과 일치하도록 빈칸에 알맞은 말을 쓰세요.

**1** 커피 한 잔 → a **cup** of coffee

**2** 케이크 여덟 조각 → eight _____ of cake

**3** 우유 세 잔 → three _____ of milk

**4** 치즈 네 장 → four _____ of cheese

**5** 빵 두 덩이 → two _____ of bread

**6** 양말 한 켤레 → a _____ of socks

**7** 물 일곱 병 → seven _____ of water

**8** 시리얼 세 그릇 → three _____ of cereal

**9** 가구 한 점 → a _____ of furniture

**10** 고기 2파운드 → two _____ of meat

> **Voca**
> ..............
> sock
> 양말
> cereal
> 시리얼
> furniture
> 가구
> meat
> 고기

# STEP 2

 **A** 다음 중 알맞은 것을 고르세요.

**Voca**
................

like
좋아하다
rain
비; 비가 오다
birthday
생일
time
시간
money
돈

**1** Sally likes
⚬ rain.
⚬ rains.

Sally는 비를 좋아한다.

**2** My birthday is in
⚬ a May.
⚬ May.

내 생일은 5월에 있다.

**3** Mark needs
⚬ three papers.
⚬ three pieces of paper.

Mark는 세 장의 종이가 필요하다.

**4** Time is
⚬ money.
⚬ a money.

시간은 돈이다.

**5** There are two
⚬ bottle of juice.
⚬ bottles of juice.

주스 두 병이 있다.

 **B** 다음 밑줄 친 부분을 알맞게 고쳐 문장을 다시 쓰세요.

**Voca**
................

eat
먹다
stay
머무르다
favorite
가장 좋아하는
last
마지막의
week
주

**1** We don't have <u>homeworks</u>. 우리는 숙제가 없다.

> We don't have homework.

**2** I eat three <u>slice</u> of pizza. 나는 피자 세 조각을 먹는다.

**3** Jake stays in <u>a Sydney</u>. Jake는 시드니에 머문다.

**4** <u>Breads</u> is my favorite food. 빵은 내가 가장 좋아하는 음식이다.

**5** <u>A Saturday</u> is the sixth day of the week. 토요일은 일주일의 여섯 번째 요일이다.

20

## STEP 3

**A** 다음 우리말과 같은 뜻이 되도록 주어진 단어를 배열하세요.

**1** 두 봉지의 밀가루는 5달러이다. (two bags, are, flour, of, five dollars)

Two bags of flour are five dollars.

**2** 그들은 평화를 위해 기도한다. (pray for, they, peace)

**3** Rachel은 한 켤레의 신발을 원한다. (wants, shoes, a pair of, Rachel)

**4** 그는 두 잔의 주스를 마신다. (drinks, juice, two, he, glasses of)

**5** 많은 사람들이 행복을 찾는다. (a lot of people, happiness, look for)

**Voca**

dollar
달러
pray
기도하다
peace
평화
a lot of
많은
look for
~을 찾다

**B** 다음 주어진 조건에 따라 우리말에 맞게 영작하세요.

**조건** 1. 셀 수 없는 명사의 특성에 유의하여 쓸 것
2. 괄호에 주어진 단어를 알맞게 바꿔 활용할 것

**1** 세 덩이의 빵이 오븐에 있다. (loaf, are, in the oven)

Three loaves of bread are in the oven.

**2** 엄마는 매주 두 병의 우유를 산다. (Mom, buys, bottle, of milk)

every week.

**3** 나에게 너를 위한 좋은 소식이 있다. (I, have, good news)

for you.

**4** 그는 오후에 세 잔의 차를 마신다. (he, drinks, cup, of tea)

in the afternoon.

**Voca**

oven
오븐
buy
사다
news
소식
afternoon
오후
come from
~ 출신이다

# UNIT 03 인칭대명사

**They are my mom and dad.** 그들은 나의 엄마와 아빠이다.

**I love them a lot.** 나는 그들을 매우 사랑한다.

✓ 인칭대명사는 사람이나 사물을 가리키는 말이에요.

## 1 명사의 인칭 구분

| he | she | it |
|---|---|---|
| my father | my mom | my house |
| Mr. Smith | Ms. Lee | the bag |
| Chris | Amy | this pencil |
| a man | the woman | that desk |
| the boy | a girl | Canada |

| we | you | they |
|---|---|---|
| you and I | you | Ted and Bella |
| Ben and I | you and your friends | these books |
| my sisters and I | you and Patrick | those kids |
| you, Jason, and I | you and his brother | students |

## 2 인칭대명사

1인칭은 '나' 또는 '우리', 2인칭은 '너' 또는 '너희', 그리고 3인칭은 그 외의 나머지를 말해요.

| 구분 | 인칭 | 주격(~은/는/이/가) | 소유격(~의) | 목적격(~을/를) | 소유대명사(~의 것) |
|---|---|---|---|---|---|
| 단수 | 1 | I 나는 | my 나의 | me 나를 | mine 나의 것 |
| | 2 | you 너는 | your 너의 | you 너를 | yours 너의 것 |
| | 3 | he 그는 | his 그의 | him 그를 | his 그의 것 |
| | 3 | she 그녀는 | her 그녀의 | her 그녀를 | hers 그녀의 것 |
| | | it 그것은 | its 그것의 | it 그것을 | - |
| 복수 | 1 | we 우리는 | our 우리의 | us 우리를 | ours 우리의 것 |
| | 2 | you 너희들은 | your 너희들의 | you 너희들을 | yours 너희들의 것 |
| | 3 | they 그들은 | their 그들의 | them 그들을 | theirs 그들의 것 |

**tips** of, with, for, to, without 등과 같은 전치사 뒤에는 목적격 인칭대명사를 써요.

**A** 다음 문장의 밑줄 친 부분을 대신할 수 있는 인칭대명사를 쓰세요.

**Voca**

move
움직이다
friendly
친절한
brother
남동생, 형, 오빠
gym
체육관

**1** <u>The car</u> moves fast. 그 차는 빨리 움직인다.      It

**2** <u>Jessica</u> is very friendly. Jessica는 매우 다정하다.

**3** <u>My brothers</u> like ice cream. 내 남동생들은 아이스크림을 좋아한다.

**4** <u>You and Peter</u> are good friends. 너와 Peter는 좋은 친구들이다.

**5** <u>Ron and I</u> go to the gym. Ron과 나는 체육관에 간다.

**B** 다음 우리말과 일치하도록 빈칸에 알맞은 말을 쓰세요.

**Voca**

twin
쌍둥이(의)
invite
초대하다
dinner
저녁
wait for
~을 기다리다
school
uniform
교복

**1** <u>그것은</u> <u>그녀의</u> 책이다.

→    It    is    her    book.

**2** <u>그녀는</u> <u>그의</u> 쌍둥이 여동생이다.

→      is      twin sister.

**3** <u>우리는</u> <u>그를</u> 저녁에 초대한다.

→      invite      for dinner.

**4** <u>나는</u> <u>내</u> 가족을 사랑한다.

→      love      family.

**5** <u>그가</u> <u>너를</u> 기다리고 있다.

→      is waiting for      .

**6** <u>그들은</u> <u>자신의</u>(그들의) 교복을 좋아한다.

→      like      school uniforms.

**A** 다음 주어진 대명사를 알맞은 형태로 바꿔 쓰세요.

**Voca**

call
전화하다, 부르다
sneaker
운동화
follow
따라가다
history
역사
address
주소
kind
친절한

**1** I call [ you ] every day. (you) 나는 <u>너에게</u> 매일 전화한다.

**2** Today is _____ birthday. (you) 오늘은 <u>너의</u> 생일이다.

**3** The sneakers are not _____. (she) 그 운동화는 <u>그녀의 것</u>이다.

**4** A baby duck follows _____ mother. (it) 새끼 오리는 <u>자신의(그것의)</u> 엄마를 따른다.

**5** _____ school has a long history. (we) <u>우리</u> 학교는 오랜 역사를 가지고 있다.

**6** I don't know _____ e-mail address. (he) 나는 <u>그의</u> 이메일 주소를 모른다.

**7** Mr. and Mrs. Smith are kind to _____. (I) Smith 씨 부부는 <u>나에게</u> 친절하다.

**B** 다음 밑줄 친 부분을 알맞게 고쳐 문장을 다시 쓰세요.

**Voca**

slim
날씬한
shape
모양
visit
방문하다
often
자주, 종종
red
빨간색(의)
brown
갈색(의)

**1** <u>Her</u> is tall and slim. 그녀는 키가 크고 날씬하다.

> She is tall and slim.

**2** I don't like <u>it</u> shape. 나는 그것의 모양이 마음에 들지 않는다.

**3** Mr. Brown teaches English to <u>our</u>. Brown 선생님께서는 우리에게 영어를 가르치신다.

**4** Carl visits <u>his</u> often. Carl은 종종 그를 방문한다.

**5** <u>I</u> hair is red and <u>their</u> is brown. 내 머리카락은 붉은색이고, 그들의 것은 갈색이다.

**STEP 3**

**A** 다음 우리말과 같은 뜻이 되도록 주어진 단어를 배열하세요.

**Voca**
..............
soccer
축구
glasses
안경
house
집
far
먼
trust
믿다, 신용하다

**1** 그 축구공은 내 것이다. (is, the soccer ball, mine)

The soccer ball is mine.

**2** 이것은 너를 위한 것이다. (you, is, this, for)

**3** 그것들은 그의 안경이다. (are, his, they, glasses)

**4** 우리 집은 너의 집에서 멀다. (my house, far from, yours, is)

**5** 그는 그녀를 신뢰한다. (trusts, he, her)

**B** 다음 주어진 조건에 따라 우리말에 맞게 영작하세요.

**조건**  1. 알맞은 인칭대명사를 사용해서 쓸 것
2. 괄호에 주어진 단어를 활용할 것

**1** 내 고향은 시카고이다. (hometown, is, Chicago)

My hometown is Chicago.

**Voca**
..............
hometown
고향
look like
~처럼 보이다
talk to
~와 말하다
meet
만나다

**2** 너는 너의 아빠를 닮았다. (look like, dad)

**3** 그녀는 우리에게 말을 하지 않는다. (doesn't talk to)

**4** 나는 매주 일요일 그녀를 만난다. (meet)

every Sunday.

# UNIT 04 지시대명사

That **is** our house. 저것은 우리 집이다.

These **are** my family members. 이 사람들이 내 가족이다.

✓ 지시대명사는 특정한 사람이나 사물을 가리키는 말이고, 대상과의 거리와 수에 따라 다르게 써요.

## 1 지시대명사

지시대명사가 주어로 쓰일 경우 this / that뒤에는 단수동사, these / those뒤에는 복수동사가 와요.

| | 가까이에 있는 대상 | 멀리 있는 대상 |
|---|---|---|
| 단수 | this 이것/이 사람 | that 저것/저 사람 |
| 복수 | these 이것들/이 사람들 | those 저것들/저 사람들 |

This **is** my new bike. 이것이 나의 새 자전거이다.

That **is** my cousin James. 저 사람은 내 사촌 James이다.

These **are** chocolate cookies. 이것들은 초콜릿 쿠키이다.

Those **are** interesting books. 저것들은 재미있는 책이다.

> **tips** this, that, these, those는 명사를 꾸며주는 지시형용사로도 쓰여요.
> this, that 뒤에는 단수명사가, these, those 뒤에는 복수명사가 와요.
> I love **this sweater**. 나는 이 스웨터가 마음에 들어.
> Look at **those stars** in the sky. 하늘에 저 별들을 봐.

---

정답 및 해설 p.05

**다음 문장에서 지시대명사를 찾아 동그라미 하세요.**

**1** This is my room. 이것은 내 방이다.

**2** That is a kangaroo. 저것은 캥거루이다.

**3** These are my grandparents. 이분들이 내 조부모님이시다.

**4** Those are fresh onions. 저것들은 신선한 양파이다.

**A** 다음 우리말과 같은 뜻이 되도록 빈칸에 알맞은 지시대명사를 쓰세요.

**Voca**

picture
사진
dolphin
돌고래
notebook
공책

**1**  This  is Kate. 이 사람은 Kate이다.

**2**  _____ is an apple tree. 저것은 사과나무이다.

**3**  _____ are my pictures. 이것들은 내 사진들이다.

**4**  _____ are dolphins. 저것들은 돌고래들이다.

**5**  _____ is my uncle. 저 분이 내 삼촌이시다.

**6**  _____ are books for children. 이것들은 아이들을 위한 책이다.

**7**  _____ is not your notebook. 이것은 너의 공책이 아니다.

**B** 다음 그림을 보고, [보기]에서 알맞은 단어를 골라 문장을 완성하세요.

| 보기 | this | that | these | those |
|------|------|------|-------|-------|

**1**  These  are cute puppies. 이것들은 귀여운 강아지들이다.

**Voca**

cute
귀여운
puppy
강아지
tall
키가 큰, 높은
building
건물

**2**  _____ are tall buildings. 저것들은 높은 빌딩들이다.

**3**  _____ is my mother's car. 저것은 우리 어머니의 차이다.

**4**  _____ is her brother Luke. 이 아이가 그녀의 남동생 Luke이다.

## STEP 2

 **A** 다음 중 알맞은 것을 고르세요.

**Voca**
........
color
색
famous
유명한
actor
배우
sweet
향기로운, 달콤한
zebra
얼룩말

**1**  This / That  is my favorite color.    이것이 내가 가장 좋아하는 색이다.

**2**  This / That  is a famous actor.    저 사람은 유명한 배우이다.

**3**  That / Those  pictures are Jenny's.    저 사진들은 Jenny의 것이다.

**4**  These / Those  flowers are sweet.    이 꽃들은 향기롭다.

**5**  That / Those  are zebras.    저것들은 얼룩말이다.

 **B** 다음 밑줄 친 부분을 알맞게 고쳐 문장을 다시 쓰세요.

**Voca**
........
parrot
앵무새
question
질문
easy
쉬운
neighbor
이웃
library
도서관

**1**  <u>This</u> are parrots.  이것들은 앵무새이다.

These are parrots.

**2**  Do you know <u>that</u> people?  너는 저 사람들을 아니?

**3**  These <u>question</u> are easy.  이 문제들은 쉽다.

**4**  That <u>women</u> is our neighbor.  저 여인은 우리 이웃이다.

**5**  <u>These</u> is the way to the library.  이것이 도서관으로 가는 길이다.

## STEP 3

**A** 다음 우리말과 같은 뜻이 되도록 주어진 단어를 배열하세요.

**1** 이것은 내 교과서이다. (is, textbook, this, my)

This is my textbook.

**2** 저 바지는 너무 크다. (pants, big, too, are, those)

**3** 나는 이 드레스가 마음에 든다. (I, dress, like, this)

**4** 저 분은 우리 이모이다. (that, aunt, my, is)

**5** 이들은 그녀의 반 친구들이다. (classmates, are, these, her)

**Voca**
..............
textbook
교과서
too
너무
dress
드레스, 원피스
aunt
이모, 고모
classmate
반 친구, 급우

**B** 다음 주어진 조건에 따라 우리말에 맞게 영작하세요.

**조건**
1. this, that, these, those를 사용할 것
2. 괄호에 주어진 단어를 활용하고, 단수와 복수에 유의할 것

**1** 저것들은 벌들이다. (bee)

Those are bees.

**2** 이것들은 빈 좌석들이다. (empty, seat)

**3** 저것은 새로운 박물관이다. (the new museum)

**4** 이것은 너를 위한 선물이다. (a present, for you)

**Voca**
..............
bee
꿀벌
seat
좌석, 자리
museum
박물관
present
선물

**[1-4] 다음 우리말과 같은 뜻이 되도록 주어진 단어를 알맞은 형태로 바꿔 쓰세요.**

**1**

많은 아이들이 눈을 좋아한다. (child, snow)

→ Many _____ like _____.

**HINT**

화폐 단위인 달러(dollar)는 셀 수 있지만 돈(money) 자체는 셀 수 없어요.

**2**

Tim은 시간과 돈을 낭비한다. (time, money)

→ Tim wastes _____ and _____.

**3**

나는 이번 주 월요일에 여섯 개의 수업이 있다. (class, Monday)

→ I have six _____ this _____.

**4**

그 농부는 50마리의 양과 20마리의 오리를 기른다. (sheep, duck)

→ The farmer has fifty _____ and twenty _____.

**[5-8] 다음 빈칸에 알맞은 말을 보기에서 골라 알맞은 형태로 바꿔 쓰세요.**

보기　　loaf　　　piece　　　glass　　　bowl

**5**　Susan ate two _____ of cereal.

**6**　Here is a _____ of advice for you.

**7**　Rick drinks eight _____ of water every day.

**8**　He put three _____ of bread into his bag.

**[9-10]** 다음 우리말과 같은 뜻이 되도록 빈칸에 알맞은 말을 쓰세요.

**9**  이것들은 너의 신발이고, 저것들은 그의 것이다.

→ _____ are your shoes, and _____ are his.

**10**  이것은 초콜릿 케이크이고, 저것은 딸기 케이크이다.

→ _____ is a chocolate cake, and _____ is a strawberry cake.

**[11-13]** 다음 밑줄 친 부분을 대명사로 바꿔 문장을 다시 쓰세요.

**11**  <u>Ron and Amy</u> like each other.

→ _____

**12**  Mrs. Edwards invited <u>my sister and me</u>.

→ _____

**HINT**

'나의 누나(언니)'
와 '나'를 '우리'라
고도 하지요.

**13**  I borrowed <u>Tyler's</u> phone.

→ _____

**[14-15]** 다음 밑줄 친 부분을 어법에 맞게 고치세요.

**14**  I bought ⓐ <u>this</u> pants yesterday. ⓑ <u>It</u> are very nice.

ⓐ _____          ⓑ _____

**15**  This is my ⓐ <u>teachers</u>, Mr. Brown. ⓑ <u>She</u> is friendly to me.

ⓐ _____          ⓑ _____

정답 및 해설 p.06

**[16-17] 다음 밑줄 친 부분을 괄호 안의 지시대로 바꿔 문장을 다시 쓰세요.**

**16** Lucy needs <u>a</u> tomato. (three로)

→ _____

**17** My sister made <u>that</u> doll. (those로)

→ _____

**[18-19] 다음 대화의 밑줄 친 부분을 영어로 옮길 때 빈칸에 알맞은 말을 쓰세요.**

**HINT**
················
차가운 음료는 주로
glass로 마시고,
뜨거운 음료은 cup
으로 마신다는 것
을 잊지 마세요 .

**18**  A  <u>너는 커피 한 잔을 원하니?</u> (cup)

B  Yes, please.

→ Do you want _____ _____ _____ _____?

**19**  A  <u>이것이 너의 책가방이니?</u>

B  No, it isn't.

→ Is _____ _____ schoolbag?

**HINT**
················
his secrets
= his, 그럼 my
secrets는 무엇
으로 말할 수 있을
까요?

**20** 다음 밑줄 친 ①~⑤ 중 어법상 어색한 것 두 개를 찾아 바르게 고치세요.

Ted and I are best ① <u>friend</u>. We meet each other every day and spend ② <u>time</u> together. We like sports. After school, we go to the gym and have fun. We share everything. I know ③ <u>his</u> secrets, and he knows ④ <u>my</u>. ⑤ <u>Our</u> friendship is very precious.

(1) _____

(2) _____

# Chapter 2

## 문장의 2순위는 나야 나!

**be동사**

 영단어와 한국어 뜻을 각각 가리고 외워 보자!

| | | | | | |
|---|---|---|---|---|---|
| 1 | heavy | 무거운 | 11 | lazy | 게으른 |
| 2 | painter | 화가 | 12 | noisy | 시끄러운 |
| 3 | expensive | 비싼 | 13 | lucky | 운이 좋은 |
| 4 | beach | 해변 | 14 | playground | 운동장 |
| 5 | strong | 힘이 센, 튼튼한 | 15 | wrong | 틀린, 잘못된 |
| 6 | ready | 준비가 된 | 16 | rainbow | 무지개 |
| 7 | different | 다른 | 17 | scientist | 과학자 |
| 8 | weak | 약한 | 18 | holiday | 휴일 |
| 9 | firefighter | 소방관 | 19 | art | 미술, 예술 |
| 10 | liar | 거짓말쟁이 | 20 | grade | 학년 |

# be동사의 현재형

**I am** Amy. 나는 Amy이다.

**She is** Lena. 그녀는 Lena이다.

**We are** friends. 우리는 친구이다.

✔ be동사는 주어 뒤에 쓰여 '~이다', '(~에) 있다'라는 의미를 나타내며, be동사의 현재형에는 am, are, is가 있어요.

## 1 인칭대명사와 be동사   주격 인칭대명사와 be동사는 줄여 쓸 수 있어요.

| 인칭 | 주어 | be동사 | 축약형 | | 인칭 | 주어 | be동사 | 축약형 |
|---|---|---|---|---|---|---|---|---|
| 1 | I | am | **I'm** | | 1 | we | | **we're** |
| 2 | you | are | **you're** | | 2 | you | | **you're** |
| 3 | he<br>she<br>it | is | **he's**<br>**she's**<br>**it's** | | 3 | they | are | **they're** |

단수 / 복수

**I am** twelve years old. 나는 12살이다.

**He is** my uncle. 그는 나의 삼촌이다.

**They are** at school. 그들은 학교에 있다.

**You are** very kind. 너는 매우 친절하다.

**We are** in the library. 우리는 도서관에 있다.

앞에서 배운 지시대명사 this/that에 어울리는 be동사는 is, these/those에 어울리는 be동사는 are이에요.

**This is** my bike. 이것은 내 자전거이다.      **Those are** your textbooks. 저것들은 너의 교과서이다.

단수명사와 셀 수 없는 명사에 어울리는 be동사는 is, 복수명사에 어울리는 be동사는 are이에요.

**Stella is** from England. Stella는 영국 출신이다.      **Oranges are** sweet. 오렌지는 달콤하다.

 **Check-up**

정답 및 해설 p.07

### 다음 괄호 안에서 가장 알맞은 것을 고르세요.

**1**   I ( am / are / is ) at home. 나는 집에 있다.

**2**   You ( am / are / is ) a good cook. 너는 훌륭한 요리사이다.

**3**   It ( am / are / is ) a baby koala. 그것은 새끼 코알라이다.

**4**   They ( am / are / is ) busy today. 그들은 오늘 바쁘다.

**A** 다음 빈칸에 am, are, is 중 알맞은 것을 쓰세요.

**Voca**

rainy
비가 오는
right
옳은; 오른쪽(의)
Norway
노르웨이
delicious
맛있는
expensive
비싼

**1** I  _am_  Peter Jackson. 나는 Peter Jackson이다.

**2** It  rainy in Seoul. 서울은 비가 내린다.

**3** You  right. 네 말이 맞다.

**4** They  very heavy. 그것들은 매우 무겁다.

**5** She  a great painter. 그녀는 훌륭한 화가이다.

**6** We  from Norway. 우리는 노르웨이 출신이다.

**7** Peaches  delicious. 복숭아들은 맛있다

**8** This  an expensive lamp. 이것은 값비싼 램프이다.

**B** 다음 밑줄 친 부분을 줄여 쓰세요.

**Voca**

jacket
재킷
pretty
예쁜
fat
뚱뚱한
beach
해변
good at
~을 잘하는
art
미술, 예술

**1** <u>It is</u> a new jacket. 그것은 새 재킷이다.  It's

**2** <u>You are</u> very pretty. 너는 아주 예쁘다.

**3** <u>He is</u> a new teacher. 그는 새로 온 선생님이다.

**4** <u>They are</u> tall and fat. 그들은 키가 크고 뚱뚱하다.

**5** <u>We are</u> on the beach. 우리는 해변에 있다.

**6** <u>I am</u> good at art. 나는 미술을 잘한다.

**7** <u>She is</u> in her room now. 그녀는 지금 자기 방에 있다.

## STEP 2

**A** 다음 주어진 단어와 be동사의 현재형을 써서 문장을 완성하세요.

**1**   He is   very strong. (he)

**2**   ___   a good idea. (it)

**3**   ___   in Taiwan now. (I)

**4**   ___   a smart girl. (you)

**5**   ___   from Australia. (Karen)

**6**   ___   my gloves. (those)

**7**   ___   ready for the game. (we)

**8**   ___   bad at soccer. (Jake and I)

**B** 다음 밑줄 친 부분을 알맞게 고쳐 문장을 다시 쓰세요.

**1**  I <u>be</u> sleepy. 나는 졸리다.

   I am sleepy.

**2**  <u>He</u> in the music room. 그는 음악실에 있다.

   ___

**3**  They <u>is</u> my classmates. 그들은 우리 반 친구들이다.

   ___

**4**  <u>Jenny</u> at the bus stop. Jenny는 버스 정류장에 있다.

   ___

**5**  My sister and I <u>am</u> very different. 우리 언니와 나는 매우 다르다.

   ___

STEP 3

**A** 다음 우리말과 같은 뜻이 되도록 주어진 단어를 배열하세요.

**Voca**
....................
weather
날씨
great
훌륭한, 멋진
skater
스케이트 타는 사람
brave
용감한

**1** 오늘 날씨가 좋다. (is, nice, the weather)

The weather is nice            today.

**2** 그녀는 우리와 함께 있다. (is, she, with us)

**3** 우리는 훌륭한 팀이다. (are, a great team, we)

**4** 나는 스케이트를 잘 탄다. (am, a good skater, I)

**5** 너희들은 용감한 소년들이다. (are, you, brave boys)

**B** 다음 주어진 조건에 따라 우리말에 맞게 영작하세요.

조건
1. be동사를 사용할 것
2. 괄호에 주어진 단어를 활용할 것

**1** 그는 중학생이다. (a middle school student)

He is [He's] a middle school student.

**Voca**
....................
afraid of
~을 무서워하는
bug
벌레
diligent
부지런한
concert
콘서트
hall
홀, 회관

**2** 나는 벌레를 무서워한다. (afraid of, bugs)

**3** 너와 Brian은 부지런하다. (diligent)

**4** 그들은 콘서트 홀에 있다. (at the concert hall)

# UNIT 02

# be동사의 부정문

**I** am not happy. 나는 행복하지 않다.

**It** is not sunny. 날씨가 화창하지 않다.

✔ be동사 현재형의 부정문은 am, are, is 뒤에 **not**을 붙이고 '~가 아니다', '~가 없다'라는 의미를 나타내요.

## 1 be동사 현재형의 부정문  「am + not」은 줄여 쓸 수 없어요.

| 단·복수 | 주어 | 부정형 | 「be동사 + not」 축약 | 「인칭대명사 + be동사」 축약 |
|---|---|---|---|---|
| 단수 | I | am not | - | I'm not |
| | you | are not | aren't | you're not |
| | he | | | he's not |
| | she | is not | isn't | she's not |
| | it | | | it's not |
| 복수 | we | | | we're not |
| | you | are not | aren't | you're not |
| | they | | | they're not |

**I** am not[I'm not] hungry. 나는 배가 고프지 않다.

**You** are not[aren't] alone. 너는 혼자가 아니다.

**She** is not[isn't] my teacher. 그녀는 나의 선생님이 아니다.

**We** are not[aren't] from Canada. 우리는 캐나다 출신이 아니다.

 **Check-up**

정답 및 해설 p.08

다음 밑줄 친 부분에 유의하여 괄호 안에서 알맞은 것을 고르세요.

**1**  I ( am not / are not / is not ) tired. 나는 피곤하지 않다.

**2**  He ( am not / are not / is not ) Mr. Woods. 그는 Woods 씨가 아니다.

**3**  They ( am not / are not / is not ) wolves. 그것들은 늑대가 아니다.

**4**  We ( am not / are not / is not ) at home. 우리는 집에 없다.

38

**A** 다음 빈칸에 알맞은 단어를 써서 be동사 현재형의 부정문을 완성하세요.

**Voca**

weak
약한
rabbit
토끼
silly
어리석은
runner
달리는 사람, 주자
swimming
pool
수영장

**1** He ⟮ is ⟯ ⟮ not ⟯ fat. 그는 뚱뚱하지 않다.

**2** You _____ _____ weak. 너는 약하지 않다.

**3** I _____ _____ at school. 나는 학교에 없다.

**4** It _____ a rabbit. 그것은 토끼가 아니다.

**5** She _____ a dancer. 그녀는 댄서가 아니다.

**6** Sammy _____ silly. Sammy는 어리석지 않다.

**7** We _____ fast runners. 우리는 빠른 주자가 아니다.

**8** They _____ in the swimming pool. 그들은 수영장에 없다.

**B** 다음 밑줄 친 부분을 줄여 쓰세요.

**Voca**

boring
지루한
firefighter
소방관
Rome
로마
year
나이, ～살
listener
듣는 사람, 청자

**1** It <u>is not</u> boring. 그것은 지루하지 않다.    isn't

**2** We <u>are not</u> angry. 우리는 화가 나 있지 않다.

**3** She <u>is not</u> a firefighter. 그녀는 소방관이 아니다.

**4** They <u>are not</u> in Rome. 그들은 로마에 없다.

**5** You <u>are not</u> ten years old. 너는 열 살이 아니다.

**6** He <u>is not</u> a good listener. 그는 남의 말에 귀 기울이는 사람이 아니다.

## STEP 2

**A** 다음 주어진 단어를 이용하여 be동사 현재형의 부정문을 완성하세요.

**Voca**
.............
liar
거짓말쟁이
lazy
게으른
real
진짜의
rich
부유한
clean
깨끗한, 청소하다

**1**　　I　　am　　not　　a liar. (I)

**2**　　　　　　　　　　　lazy. (you)

**3**　　　　　　　　　　　real. (they)

**4**　　　　　　　　Thursday today. (it)

**5**　　　　　　　　　　rich. (we)

**6**　　　　　　　　　　　　open. (the store)

**7**　　　　　　　　at Kate's house. (she)

**8**　　　　　　　　　　　clean. (your hands)

**B** 다음 밑줄 친 부분을 알맞게 고쳐 문장을 다시 쓰세요.

**Voca**
.............
noisy
시끄러운
American
미국인, 미국의
same
같은

**1**　They <u>not</u> noisy. 그들은 시끄럽지 않다.

　　　They are not[aren't] noisy.

**2**　I <u>amn't</u> good at English. 나는 영어를 잘 하지 못한다.

**3**　He <u>not is</u> American. 그는 미국인이 아니다.

**4**　My room <u>aren't</u> big. 내 방은 크지 않다.

**5**　Joan and Judy <u>is not</u> in the same class. Joan과 Judy는 같은 반이 아니다.

**A** 다음 우리말과 같은 뜻이 되도록 주어진 단어를 배열하세요.

**1** 그녀는 운이 좋지 않다. (not, she, lucky, is)

   She is not lucky.

**2** 그는 중국에 없다. (not, in China, is, he)

**3** 그것은 내 취향이 아니다. (not, my style, it, is)

**4** 우리는 축구 선수가 아니다. (not, soccer players, are, we)

**5** 나는 노래를 잘하는 사람이 아니다. (not, I, a good singer, am)

**Voca**

lucky
운 좋은
style
스타일
singer
노래하는 사람, 가수

**B** 다음 주어진 조건에 따라 우리말에 맞게 영작하세요.

> **조건** 1. be동사와 축약형을 사용할 것
> 2. 괄호에 주어진 단어를 활용하여 현재형으로 쓸 것

**1** 나는 아프지 않다. (sick)

   I'm not sick.

**2** 그녀는 내 할머니가 아니다. (my grandmother)

**3** 그들은 운동장에 없다. (on the playground)

**4** Jim은 수업에 늦지 않았다. (late for class)

**Voca**

sick
아픈
grandmother
할머니
playground
운동장, 놀이터
late for
~에 늦은

# be동사의 의문문

**They** are in the classroom. 그들은 교실에 있다.

**Are they** in the classroom? 그들은 교실에 있니?

✔ be동사의 의문문은 주어와 be동사의 위치를 바꾸고 끝에 물음표를 붙여 만들며, '~인가요?', '(~에) 있나요?'라는 의미를 나타내요.

| be동사의 의문문 | | | 긍정의 대답 | 부정의 대답 |
|---|---|---|---|---|
| Am | I | | Yes, you are. | No, you aren't. |
| Are | you | ~? | Yes, I am(단수) / we are(복수). | No, I'm not / we aren't. |
| | we / they | | Yes, we / they are. | No, we / they aren't. |
| Is | he / she / it | | Yes, he / she / it is | No, he / she / it isn't. |

**A** Are **you** okay? 너는 괜찮니?
**B** Yes, I am. 응, 그래.

**A** Is **he** your brother? 그가 너의 형이니?
**B** No, he isn't. 아니, 아니야.

**A** Are **they** in the art gallery? 그들은 미술관에 있니?
**B** Yes, they are. 응, 그래.

 **tips**
★ I로 물었을 때는 you로, you로 물었을 때는 문맥에 맞게 I나 we로 대답해요.
★ 명사가 주어일 경우, 명사를 대명사로 바꿔 대답해요.
   Is **Kevin** tall? Kevin은 키가 크니? – Yes, **he** is. 응, 그래.
   Are **your parents** busy? 너의 부모님은 바쁘시니? – No, **they** aren't. 아니, 그렇지 않아.

 **Check-up**

정답 및 해설 p.09

**다음 밑줄 친 부분에 유의하여 괄호 안에서 알맞은 것을 고르세요.**

**1** ( Am / Are / Is ) I pretty? 제가 예쁜가요?

**2** ( Am / Are / Is ) you a student here? 너는 여기 학생이니?

**3** ( Am / Are / Is ) Jenny a lawyer? Jenny는 변호사니?

**4** ( Am / Are / Is ) they in the library? 그들은 도서관에 있니?

 **A** 다음 빈칸에 am, are, is 중 알맞은 것을 쓰세요.

**Voca**

wrong
잘못된
butterfly
나비
garden
정원
popular
인기 있는
funny
웃긴

**1** Are you happy? 너는 행복하니?

**2** I wrong? 내가 틀렸니?

**3** it a butterfly? 그것은 나비니?

**4** she in the garden? 그녀는 정원에 있니?

**5** he a popular actor? 그는 인기 있는 배우니?

**6** they funny stories? 그것들은 재미있는 이야기니?

**7** we in the same club? 우리는 같은 동아리이니?

**B** 다음 주어진 단어를 이용하여 be동사 현재형의 의문문을 완성하세요.

**Voca**

rainbow
무지개
scientist
과학자
nervous
불안해하는
bookstore
서점
scary
무서운, 겁나는
pear
배

**1** Am I too late? (I)

**2** a rainbow? (it)

**3** a scientist? (she)

**4** nervous? (they)

**5** in the bathroom? (you)

**6** in the bookstore? (Kate)

**7** scary? (the movie)

**8** fresh? (these pears)

# STEP 2

**Voca**
shy
수줍음을 많이 타는
in trouble
곤경에 처한
Finland
핀란드

**A** 다음 빈칸에 알맞은 말을 써서 대화를 완성하세요. (단, 부정의 대답은 축약형을 쓸 것)

**1** A Is he a shy boy? 그는 수줍음을 많이 타는 소년이니?

B Yes, he is . 응, 그래.

**2** A Are you twins? 너희들은 쌍둥이니?

B Yes, . 응, 쌍둥이야.

**3** A Am I in trouble? 내가 곤경에 처해 있니?

B No, . 아니, 그렇지 않아.

**4** A Are you a friend of Kevin's? 너는 Kevin의 친구니?

B Yes, . 응, 그래.

**5** A Is Sophia from Finland? Sophia는 핀란드 출신이니?

B No, . 아니, 그렇지 않아.

**Voca**
artist
예술가
honest
정직한
interested in
~에 관심이 있는

**B** 다음 밑줄 친 부분에 유의하여 주어진 문장을 의문문으로 바꿔 쓰세요.

**1** <u>They are</u> famous artists.

Are they famous artists?

**2** <u>This is</u> your phone.

**3** <u>Brandon is</u> honest.

**4** <u>You are</u> interested in robots.

44

**A** 다음 우리말과 같은 뜻이 되도록 주어진 단어를 배열하세요.

**1** 내 말이 맞니? (I, right, am)

Am I right?

**2** 그는 야구부에 있니? (in the baseball club, is, he)

**3** 너희들은 5학년이니? (you, in the 5th grade, are)

**4** 저 자전거는 Henry의 것이니? (that bike, is, Henry's)

**5** 그들은 그 소식에 기뻐하니? (they, with the news, are, happy)

**Voca**

club
동아리, 클럽
grade
학년
bike
자전거

**B** 다음 주어진 조건에 따라 우리말에 맞게 영작하세요.

**조건** 1. be동사를 사용하여 의문문으로 나타낼 것
2. 괄호에 주어진 단어를 활용할 것

**1** 너는 혼자니? (alone)

Are you alone?

**2** 그것은 사실이니? (true)

**3** 내가 너무 시끄럽니? (too loud)

**4** 그녀는 휴가 중이니? (on vacation)

**Voca**

alone
혼자인
true
사실인
loud
시끄러운
on vacation
휴가 중인

# 단답형&서술형

**HINT**

be동사의 현재형에는 am/are/is가 있다는 것을 잊지 마세요.

[1-6] 다음 우리말과 일치하도록 주어진 단어를 이용하여 문장을 완성하세요.

1 나는 지금 서울에 있다. (I)

→ ________ ________ in Seoul now.

2 그녀는 저기에 있다. (she)

→ ________ ________ over there.

3 그들은 스페인 출신이 아니다. (they)

→ ________ ________ ________ from Spain.

4 너는 훌륭한 요리사니? (you)

→ ________ ________ a good cook?

5 그것이 네가 좋아하는 취미니? (it)

→ ________ ________ your favorite hobby?

6 그는 키가 작지 않다. (he)

→ ________ ________ ________ short.

[7-10] 다음 밑줄 친 부분을 바르게 고쳐 쓰세요.

**HINT**

be동사 am은 not과 줄여 쓸 수 없어요.

7 I <u>isn't</u> a fool.

→ ________________

**8**  Are this apple sweet?

→ _____

**9**  They not are on the bus.

→ _____

**10**  My sister and I am good at computer.

→ _____

**[11-13] 다음 빈칸에 알맞은 말을 써서 대화를 완성하세요.**

**11**
> A  Is Carl at the gym?
>
> B  No, _____ _____ . He is in the park.

**12**
> A  Are they Canadian?
>
> B  Yes, _____ _____ . They are from Toronto.

**13**
> A  Are you sleepy?
>
> B  No, _____ _____ . I am just tired.

**HINT**

의문문에 대답할 때 명사가 대명사로 바뀌는 것 알고 있죠?

**[14-15] 다음 대화의 밑줄 친 부분을 영어로 옮길 때 빈칸에 알맞은 말을 쓰세요.**

**14**
> A  그들은 너의 새 이웃들이니?
>
> B  Yes, they are.

→ _____ _____ your new neighbors?

**15**

**A** Is this book interesting?

**B** No, it isn't. <u>그것은 지루해.</u>

→ _____ _____ boring.

**[16-19]** 다음 문장을 괄호 안의 지시대로 바꿔 쓰세요.

**16** This is new to me. (부정문)

→ _____

**17** We are too late. (의문문)

→ _____

**18** You are very excited. (you를 I로)

→ _____

**HINT**
................
these는 지시대
명사 this의 복수
형이라는 것 잊지
않았죠?

**19** This isn't cheap. (This를 These로)

→ _____

**20** 다음 글의 주어 I를 he로 바꿔 어법에 맞게 글을 완성하세요.

<u>I am</u> Peter. <u>I am</u> the best player in the basketball team.
<u>Am I</u> tall? No. <u>I'm not</u> tall, but <u>I'm</u> very good at basketball.

_____ Peter. _____ the best player
in the basketball team. _____ tall?
No. _____ tall, but _____ very good at
basketball.

# Chapter 3

# 문장의 3순위는 나야 나!

## 일반동사

| 1 | grandparent | 조부모 | 11 | blow | 불다 |
|---|---|---|---|---|---|
| 2 | spend | 소비하다 | 12 | noise | 소음, 시끄러운 소리 |
| 3 | nickname | 별명 | 13 | station | 역 |
| 4 | draw | 그리다 | 14 | trust | 믿다, 신뢰하다 |
| 5 | about | ~에 대한 | 15 | understand | 이해하다 |
| 6 | together | 함께, 같이 | 16 | miss | 그리워하다, 놓치다 |
| 7 | smell | 냄새를 맡다; 냄새 | 17 | remember | 기억하다 |
| 8 | broken | 고장 난 | 18 | sound | ~처럼 들리다 |
| 9 | voice | 목소리 | 19 | passport | 여권 |
| 10 | vegetable | 채소 | 20 | honey | 꿀 |

# 일반동사의 현재형 1

Bella and I spend time together. Bella와 나는 시간을 함께 보낸다.

We play and study together. 우리는 함께 놀고, 함께 공부한다.

✔ 일반동사는 be동사(am, are, is)와 조동사(can, will, may …)를 제외한 모든 동사로 주어의 동작이나 상태를 나타내요. 주어가 3인칭 단수가 아니라면 일반동사의 현재형은 동사원형과 같아요.

| 인칭 / 단·복수 | 주어 | 동사의 형태 |
| --- | --- | --- |
| 1인칭 단·복수 | I / we | |
| 2인칭 단·복수 | you | 동사원형<br>(like, study, have, want …) |
| 3인칭 복수 | they | |

<u>I</u> like animals. 나는 동물들을 좋아한다.

<u>We</u> study math and science. 우리는 수학과 과학을 공부한다.

<u>You</u> have a beautiful smile. 너는 아름다운 미소를 가지고 있다.

<u>They</u> want water and food. 그들은 물과 음식을 원한다.

복수명사가 주어로 쓰일 경우 동사원형을 써요.
Kids **like** ice cream. 아이들은 아이스크림을 좋아한다.
Steven and I **play** soccer. Steven과 나는 축구를 한다.

 **Check-up**                                      정답 및 해설 p.11

**다음 문장에서 일반동사를 찾아 동그라미 하세요.**

**1** I feel happy. 나는 행복하다.

**2** You look pretty. 너는 예뻐 보인다.

**3** We read story books. 우리는 이야기 책을 읽는다.

**4** They speak Chinese. 그들은 중국어를 한다.

**5** Anne and Ben know each other. Anne과 Ben은 서로 안다.

 **A** 다음 우리말과 같은 뜻이 되도록 [보기]에서 알맞은 단어를 골라 적절한 형태로 쓰세요.

| 보기 | live | need | ride | take | eat |
|---|---|---|---|---|---|

**Voca**

tiger
호랑이
take a walk
산책을 하다
ride
타다
after school
방과 후에

**1** 너는 도움이 필요하다.

You ⎯⎯ need ⎯⎯ help.

**2** 호랑이들은 고기를 먹는다.

Tigers ⎯⎯⎯⎯⎯ meat.

**3** 나는 조부모님과 함께 산다.

I ⎯⎯⎯⎯⎯ with my grandparents.

**4** 우리 언니와 나는 산책을 한다.

My sister and I ⎯⎯⎯⎯⎯ a walk.

**5** 우리는 방과 후에 자전거를 탄다.

We ⎯⎯⎯⎯⎯ our bikes after school.

 **B** 다음 주어진 단어를 이용하여 현재시제 문장을 완성하세요.

**Voca**

letter
편지
nickname
별명

**1** We ⎯ like ⎯ Italian food. (like)

**2** I ⎯⎯⎯⎯⎯ her a letter once a year. (send)

**3** They ⎯⎯⎯⎯⎯ us every week. (visit)

**4** You ⎯⎯⎯⎯⎯ my nickname. (know)

**5** Ian and Jake ⎯⎯⎯⎯⎯ every day. (meet)

## STEP 2

**A** 다음 중 알맞은 것을 고르세요.

**1** They
- dance
- dances

to the music.

**2** I
- want
- wants

a glass of water.

**3** We
- swim
- are swim

in summer.

**4** You
- speak
- be speak

English well.

**5** My brothers
- read
- reads

comic books.

**B** 다음 밑줄 친 부분을 알맞게 고쳐 문장을 다시 쓰세요.

**1** You <u>draws</u> well. 너는 그림을 잘 그린다.

> You draw well.

**2** I <u>am learn</u> tennis every weekend. 나는 주말마다 테니스를 배운다.

**3** We <u>are talk</u> about sports. 우리는 스포츠에 대해 이야기한다.

**4** They <u>catches</u> fish in the sea. 그들은 바다에서 물고기를 잡는다.

 **A** 다음 우리말과 같은 뜻이 되도록 주어진 단어를 배열하세요.

**1** 너는 큰 눈을 가졌구나. (have, big eyes, you)

You have big eyes.

**2** 그들은 벤치에 앉는다. (on the bench, sit, they)

**3** 우리는 학교로 달려간다. (run, we, to school)

**4** 나는 우리 엄마를 도와드린다. (my mom, help, I)

**5** 이 꽃들은 향기가 좋다. (smell, these flowers, sweet)

**Voca**

sit
앉다
bench
벤치
help
돕다
smell
냄새가 나다

 **B** 다음 주어진 조건에 따라 우리말에 맞게 영작하세요.

**조건** 1. 일반동사의 현재형을 사용할 것
2. 괄호에 주어진 단어를 활용할 것

**1** 새들은 하늘을 난다. (fly, in the sky)

Birds fly in the sky.

**2** 그들은 집을 청소한다. (clean, their house)

**3** 우리는 침대에서 잠을 잔다. (sleep, on the bed)

**4** 너는 맛있는 쿠키를 만든다. (make, delicious cookies)

**Voca**

fly
날다
clean
청소하다
delicious
맛있는

# 02 일반동사의 현재형 2

**My mom works at a school.** 우리 엄마는 학교에서 일한다.

**She teaches math to students.** 그녀는 학생들에게 수학을 가르친다.

✓ 주어가 3인칭 단수, 현재일 경우 동사원형에 **-s** 또는 **-es**를 붙여요.

## 1 일반동사의 3인칭 단수 현재형

| 인칭 / 단·복수 | 주어 | 동사의 형태 |
|---|---|---|
| 3인칭 단수 | he, she, it | 3인칭 단수 현재형<br>(**like**s, **go**es, **stud**ies, has ...) |

**I** run fast. **She** runs fast, too. 나는 빨리 달린다. 그녀 또한 빨리 달린다.

**I** wash the dishes. **He** washes the dishes, too. 나는 설거지를 한다. 그 또한 설거지를 한다.

**I** have teeth. **It** has teeth, too. 나는 치아가 있다. 그것 또한 이빨을 가지고 있다.

## 2 3인칭 단수 현재형 만드는 법

| | | | | | | |
|---|---|---|---|---|---|---|
| 대부분의 동사 | + -s | cleans<br>loves | comes<br>speaks | eats<br>runs | knows<br>talks | helps likes<br>reads |
| -o, -x, -s, -ss, -sh, -ch로<br>끝나는 동사 | + -es | does<br>kisses | goes<br>washes | fixes<br>finishes | mixes<br>catches | passes<br>watches |
| 「자음 + y」로 끝나는 동사 | -y → -ies | cry → cries<br>carry → carries | | fly → flies<br>study → studies | | try → tries |
| 「모음 + y」로 끝나는 동사 | + -s | buys | says | pays | | enjoys |
| 불규칙 동사 | have | has | | | | |

> **tips** 단수명사나 셀 수 없는 명사가 주어로 쓰여 현재를 나타낼 때, 동사로 3인칭 단수형을 써요.
>
> A bear **likes** honey. 곰은 꿀을 좋아한다.
>
> Tom **plays** soccer. Tom은 축구를 한다.

## STEP 1

**A** 다음 동사의 3인칭 단수 현재형을 쓰세요.

| | | | | |
|---|---|---|---|---|
| **1** | cut | cuts | **11** | come |
| **2** | hurry | | **12** | mix |
| **3** | see | | **13** | carry |
| **4** | say | | **14** | take |
| **5** | keep | | **15** | try |
| **6** | make | | **16** | swim |
| **7** | do | | **17** | buy |
| **8** | get | | **18** | need |
| **9** | play | | **19** | go |
| **10** | sing | | **20** | watch |

**Voca**

hurry
서두르다
mix
섞다
carry
나르다
try
노력하다, 시도하다

**B** 다음 주어진 단어를 이용하여 현재시제 문장을 완성하세요.

**1** It     snows     all day. (snow) 하루 종일 눈이 <u>내린다</u>.

**2** An eagle        high. (fly) 독수리는 높이 <u>난다</u>.

**3** Ted        a nice voice. (have) Ted는 좋은 목소리를 <u>가지고 있다</u>.

**4** My dad        broken things. (fix) 우리 아빠는 고장 난 것들을 <u>고친다</u>.

**5** He        home on Sundays. (stay) 그는 일요일에 집에서 <u>지낸다</u>.

**6** The train        every hour. (leave) 기차는 매 시간마다 <u>출발한다</u>.

**7** She        her hair at night. (wash) 그녀는 밤에 머리를 <u>감는다</u>.

**Voca**

all day
하루 종일
eagle
독수리
voice
목소리
broken
고장난, 깨진
on Sundays
일요일마다

**A** 다음 중 알맞은 것을 고르세요.

**Voca**

have a cold
감기에 걸리다
badminton
배드민턴
finish
끝내다, 마치다

**1** It
- move
- moves

slowly.

**2** He
- has
- have

a cold.

**3** She
- mixs
- mixes

vegetables.

**4** Thomas
- play
- plays

badminton with Larry.

**5** Our school
- finishs
- finishes

at three.

**B** 다음 밑줄 친 부분을 알맞게 고쳐 문장을 다시 쓰세요.

**Voca**

hard
열심히, 어려운, 딱딱한
smile
미소 짓다
all the time
항상
blow
(바람이) 불다
gently
부드럽게, 약하게
pay for
~의 값을 지불하다

**1** Brian try hard. Brian은 열심히 노력한다.

Brian tries hard.

**2** Jessica teach the piano. Jessica는 피아노를 가르친다.

**3** She smile all the time. 그녀는 항상 미소를 짓는다.

**4** The wind blow gently. 바람이 솔솔 분다.

**5** He pay for dinner. 그가 저녁 식사 값을 지불한다.

STEP **3**

**A** 다음 우리말과 같은 뜻이 되도록 주어진 단어를 배열하세요.

**1** 그 가게는 책을 판다. (sells, books, the store)

The store sells books.

**2** 우리 아빠는 축구 경기를 본다. (watches, my dad, soccer games)

**3** 그것은 아주 빨리 자란다. (very fast, grows, it)

**4** 그녀는 자신의 친구들을 그리워한다. (her, friends, she, misses)

**5** 그는 매일 우산을 들고 다닌다. (an umbrella, he, carries)

every day.

**Voca**

sell
팔다
watch
보다
grow
자라다
umbrella
우산

**B** 다음 주어진 조건에 따라 우리말에 맞게 영작하세요.

조건
1. 일반동사 현재형을 사용할 것
2. 괄호에 주어진 단어를 활용할 것

**1** 그것은 입이 작다. (it, have)

It        has      a small mouth.

**2** 그녀는 손을 자주 씻는다. (she, wash)

her hands often.

**3** Ryan은 일찍 잠을 잔다. (Ryan, go)

to bed early.

**4** 그는 자정까지 공부한다. (he, study)

until midnight.

**Voca**

small
작은
wash
물로 씻다
go to bed
잠자리에 들다
until
~까지
midnight
자정

# 일반동사의 부정문

He doesn't speak English. 그는 영어로 말하지 않는다.

I don't understand his words. 나는 그의 말을 이해하지 못한다.

✓ 일반동사 현재형의 부정문은 「주어 + do not / does not + 동사원형」의 형태로 '~하지 않는다'라는 의미예요.
do not은 don't로, does not은 doesn't로 줄여 쓸 수 있어요.

| I / You / We / They / 복수명사<br>(1, 2인칭 단·복수, 3인칭 복수) | do not [don't] | 동사원형<br>(like, go, study, have …) |
|---|---|---|
| He / She / It / 단수명사<br>(3인칭 단수) | does not [doesn't] | |

I **like** birds. 나는 새를 좋아한다.
→ I do not [don't] like birds. 나는 새를 좋아하지 않는다.

She **plays** the cello. 그녀는 첼로를 연주한다.
→ She does not [doesn't] play the cello. 그녀는 첼로를 연주하지 않는다.

They **wear** shoes. 그들은 신발을 신는다.
→ They do not [don't] wear shoes. 그들은 신발을 신지 않는다.

> ### Check-up
정답 및 해설 p.13

다음 빈칸에 don't 또는 doesn't를 쓰세요.

**1** I   don't   know her. 나는 그녀를 모른다.

**2** She _____ sing well. 그녀는 노래를 잘하지 못한다.

**3** He _____ drink milk. 그는 우유를 마시지 않는다.

**4** We _____ live near here. 우리는 이 근처에 살지 않는다.

**5** They _____ play basketball. 그들은 농구를 하지 않는다.

## STEP 1

**A** 다음 빈칸에 주어진 동사의 부정형을 써서 문장을 완성하세요. (단, 축약형으로 쓰지 말 것)

**Voca**
..............

feel
느끼다
the Internet
인터넷
forget
잊다
station
정거장, 역

**1** I   do   not   feel   well. (feel)

**2** He _____ to me. (talk)

**3** They _____ the Internet. (use)

**4** Owls _____ at night. (sleep)

**5** Mike _____ anything. (forget)

**6** The kids _____ much noise. (make)

**7** She _____ many friends. (have)

**B** 다음 중 알맞은 것을 고르세요.

**Voca**
..............

advice
충고, 조언
believe
믿다
get up
일어나다

| **1** | We | don't need / doesn't need | any advice. | 우리는 어떤 조언도 필요하지 않다. |

| **2** | You | don't believe / doesn't believe | my story. | 너는 나의 이야기를 믿지 않는다. |

| **3** | He | don't get up / doesn't get up | early. | 그는 일찍 일어나지 않는다. |

| **4** | My phone | don't work. / doesn't work. | | 내 전화기가 작동하지 않는다. |

| **5** | They | don't watch / doesn't watch | movies. | 그들은 영화를 보지 않는다. |

# STEP 2

**A** 다음 문장을 부정문으로 바꿔 쓰세요. (단, 축약형으로 쓸 것)

**Voca**
.............
carrot
당근
exercise
운동하다
weekend
주말
walk
걷는다

**1** I eat carrots. 나는 당근을 먹는다.

> I don't eat carrots.

**2** They trust him. 그들은 그를 믿는다.

**3** She cooks well. 그녀는 요리를 잘 한다.

**4** He exercises on weekends. 그는 주말에 운동을 한다.

**5** Ben walks to school. Ben은 학교에 걸어서 간다.

**B** 다음 밑줄 친 부분을 알맞게 고쳐 문장을 다시 쓰세요.

**Voca**
.............
worry
걱정하다
snow
눈이 내리다
Africa
아프리카
ask for
~을 요청하다
listen to
~을 듣다
radio
라디오

**1** They <u>not speak</u> English. 그들은 영어를 말하지 않는다.

> They do not [don't] speak English.

**2** We <u>aren't worry</u> about him. 우리는 그를 걱정하지 않는다.

**3** It <u>don't snows</u> in Thailand. 태국에는 눈이 내리지 않는다.

**4** She <u>doesn't asks</u> for any help. 그녀는 어떠한 도움도 청하지 않는다.

**5** He <u>isn't listen</u> to the radio. 그는 라디오를 듣지 않는다.

 **A** 다음 우리말과 같은 뜻이 되도록 주어진 단어를 배열하세요.

**1** 너는 나를 이해하지 못한다. (do, me, understand, not, you)

You do not understand me.

**2** 나는 새 코트를 원하지 않는다. (I, a new coat, do, want, not)

**3** 우리 엄마는 차를 운전하지 않는다. (does, a car, my mom, drive, not)

**4** 그들은 등산을 하지 않는다. (not, in the mountains, do, they, go hiking)

**5** 그것은 재미있어 보이지 않는다. (look, not, does, it, interesting)

**Voca**

understand
이해하다
coat
코트, 외투
drive
운전하다
go hiking
하이킹[도보 여행
을]을 가다
mountain
산

 **B** 다음 주어진 조건에 따라 우리말에 맞게 영작하세요.

**조건** 1. 괄호 안에 주어진 단어를 사용하여 부정문을 만들 것
2. 축약형을 사용할 것

**1** 나는 패스트푸드를 먹지 않는다. (eat fast food)

I don't eat fast food.

**2** Nick은 그것에 대해 아무것도 모른다. (know anything)

about it.

**3** 그 수업은 9시에 시작하지 않는다. (the class, start)

at nine.

**4** 그녀는 거짓말을 하지 않는다. (tell a lie)

**Voca**

fast food
패스트푸드
know
알다
tell a lie
거짓말하다

## UNIT 04 일반동사의 의문문

**A** Does the artist paint well? 그 예술가는 잘 그리니?
**B** Yes, she **does**. 응. 잘 그려.

**A** Do you like her paintings? 너는 그녀의 그림을 좋아하니?
**B** No, I **don't**. 아니. 좋아하지 않아.

✔ 일반동사 현재형의 의문문은 「**Do / Does**＋주어＋동사원형 ~?」의 형태로 '~하나요?'라는 의미예요.
　의문문의 주어가 명사인 경우 대명사로 바꿔 대답해야 해요.

| 주어 | 의문문 | 대답 |
|---|---|---|
| I / you / we / they (1, 2인칭 단·복수, 3인칭 복수) | Do＋주어＋동사원형 (**like**, **go**, **study** …) ~? | 긍정: Yes, 주어＋**do**. / 부정: No, 주어＋**don't**. |
| he / she / it (3인칭 단수) | Does＋주어＋동사원형 (**like**, **go**, **study** …) ~? | 긍정: Yes, 주어＋**does**. / 부정: No, 주어＋**doesn't**. |

**A** Do you have a pet? 너는 애완동물이 있니?
**B** Yes, I **do**. / No, I **don't**. 응. 있어. / 아니. 없어.

**A** Does he teach math? 그는 수학을 가르치니?
**B** Yes, he **does**. / No, he **doesn't**. 응. 그래. / 아니. 그렇지 않아.

**A** Does Emily learn Korean? Emily는 한국어를 배우니?
**B** Yes, she **does**. / No, she **doesn't**. 응. 그래. / 아니. 그렇지 않아.

### 🐧 Check-up

정답 및 해설 p.14

다음 밑줄 친 부분에 유의하여 빈칸에 Do 또는 Does를 쓰세요.

**1** ⸻Does⸻ <u>he</u> play soccer? 그는 축구를 하니?

**2** ＿＿＿ <u>it</u> jump high? 그것은 높이 뛰니?

**3** ＿＿＿ <u>she</u> read a lot? 그녀는 책을 많이 읽니?

**4** ＿＿＿ <u>you</u> like ice cream? 너는 아이스크림을 좋아하니?

**5** ＿＿＿ <u>they</u> skate well? 그들은 스케이트를 잘 타니?

**A** 다음 주어진 단어를 이용하여 현재형 의문문을 완성하세요.

**Voca**

penguin
펭귄
parrot
앵무새
desert
사막
cap
(챙이 있는) 모자

**1**   Do   I   look   okay? (look)

**2**   _____ penguins _____ ? (fly)

**3**   _____ the parrot _____ ? (talk)

**4**   _____ they _____ in a desert? (live)

**5**   _____ Sarah _____ well? (paint)

**6**   _____ the shop _____ caps? (sell)

**7**   _____ you _____ at the library? (study)

**B** 다음 대화의 빈칸에 알맞은 말을 쓰세요. (단, 축약형으로 쓰고, 2 단어로 쓸 것)

**Voca**

kite
연
violin
바이올린
wear
입다, 착용하다
dinner
저녁 식사

**1**   A   Do I know you?            B   No,   you don't   .

**2**   A   Do you drink coffee?       B   Yes, _____ .

**3**   A   Do the boys fly kites?     B   No, _____ .

**4**   A   Does he play the violin?   B   No, _____ .

**5**   A   Does Amanda wear jeans?    B   Yes, _____ .

**6**   A   Does the store open at ten?  B   No, _____ .

**7**   A   Do they want pizza for dinner?  B   Yes, _____ .

## STEP 2

**Voca**

sofa
소파
remember
기억하다
classroom
교실

**A** 다음 중 알맞은 것을 고르세요.

**1**
○ Do he run
● Does he run
fast?
그는 빨리 달리니?

**2**
○ Do we need
○ Does we need
a new sofa?
우리는 새 소파가 필요하니?

**3**
○ Does Julie remember
○ Does Julie remembers
me?
Julie는 나를 기억하니?

**4**
○ Do they clean
○ Do they cleans
the classroom?
그들이 교실을 청소하니?

**5**
○ Do you and Kate
○ Does you and Kate
dance well?
너와 Kate는 춤을 잘 추니?

**Voca**

hate
싫어하다
bug
벌레
bank
은행
sound like
~인 것 같다,
~처럼 들리다

**B** 다음 문장을 의문문으로 바꿀 때 빈칸에 알맞은 말을 쓰세요.

**1** I speak too fast. 나는 너무 빨리 말한다.

　　Do I speak　　　　　　　　　too fast?

**2** He learns the guitar. 그는 기타를 배운다.

　　　　　　　　　　　　　　the guitar?

**3** You hate bugs. 너는 벌레를 싫어한다.

　　　　　　　　　　　　　　bugs?

**4** She works at a bank. 그녀는 은행에서 일한다.

　　　　　　　　　　　　　　at a bank?

**5** It sounds like a great idea. 그것은 좋은 생각 같다.

　　　　　　　　　　　　　　like a great idea?

64

## STEP 3

**A** 다음 우리말과 같은 뜻이 되도록 주어진 단어를 배열하세요.

**Voca**
.............
outdoor
실외의, 야외의
math
수학
taste
맛이 나다: 맛
salty
맛이 짠

**1** 너는 야외 운동을 좋아하니? (you, like, outdoor sports, do)

Do you like outdoor sports?

**2** 오늘 우리 수학 수업이 있니? (we, have, math class, do)

today?

**3** 너의 부모님은 그것에 대해 아시니? (know, your parents, do)

about it?

**4** 그녀는 차를 마시니? (tea, drink, does, she)

**5** 그것은 짠가요? (it, taste, salty, does)

**B** 다음 주어진 조건에 따라 우리말에 맞게 영작하세요.

**조건** 1. 일반동사 의문문을 만들 것
2. 괄호에 주어진 단어를 활용할 것

**1** 당신은 제 여권이 필요한가요? (need, my passport)

Do you need my passport?

**Voca**
.............
passport
여권
app(lication)
앱, 애플리케이션
each other
서로

**2** 그는 7시에 일을 마치니? (finish, work)

at seven?

**3** Kate는 이 앱을 사용하니? (use, this app)

**4** 그들은 서로 사랑하니? (love, each other)

[1-4] 다음 우리말과 같은 뜻이 되도록 [보기]에서 알맞은 단어를 골라 적절한 형태로 쓰세요.

보기    watch    have    understand    worry

1    나는 일본어를 이해한다.
→ I _____ Japanese.

2    Jessica는 영화를 본다.
→ Jessica _____ movies.

3    그는 근사한 집을 가지고 있다.
→ He _____ a nice house.

4    그녀는 나를 걱정한다.
→ She _____ about me.

[5-8] 다음 주어진 단어를 현재시제에 알맞은 형태로 바꿔 문장을 완성하세요.

**HINT**

동사가 -s, -x, -ch, -sh로 끝나면 3인칭 단수 현재형일 때 -es가 추가돼요.

5    My uncle _____ cars. (fix)

6    Kevin _____ soccer. (play)

7    The bird _____ south. (fly)

8    He _____ soda pop. (drink)

[9-10] 다음 빈칸에 알맞은 말을 넣어 대화를 완성하세요.

9
| |
A    Do they read comic books?
B    No, _____ .

**10**

> **A** Does he study hard?
>
> **B** Yes, _____ .

[11-12] 다음 문장을 부정문과 의문문으로 바꿔 쓸 때 빈칸에 알맞은 말을 쓰세요.
(단, 부정문은 축약형으로 쓸 것)

**11**

You like chocolate.

(1) 부정문 → You _____ _____ chocolate.

(2) 의문문 → _____ you _____ chocolate?

**12**

She needs a map.

(1) 부정문 → She _____ _____ a map.

(2) 의문문 → _____ she _____ a map?

> **HINT**
> ....................
> 3인칭 단수가 주어인 현재시제 부정문은 동사원형 앞에 does not [doesn't]이 쓰여요.

[13-15] 다음 밑줄 친 부분을 바르게 고쳐 문장을 다시 쓰세요.

**13** Ben and I <u>runs</u> to school.

→ _____

**14** It <u>don't work</u> well.

→ _____

**15** <u>Does</u> she <u>carrires</u> a camera?

→ _____

[16-18] 다음 문장을 주어진 단어를 활용하여 문맥에 맞게 바꿔 쓰세요.

**16**　He takes a bus. (ride)

→ He <u>doesn't take</u> a bus. He _____ his bike to school.

**17**　They cook. (buy)

→ They don't _____. They _____ food for dinner.

**18**　My sister cleans the table. (do the dishes)

→ My sister doesn't _____.

She _____.

[19-20] 다음 대화를 읽고, 물음에 답하세요.

A　Look at her. Do you know her?

B　Is she a new student?

A　Yes, she is. I have a secret... I like her.

B　Oh, really? ⓐ <u>그녀는 너를 좋아하니?</u>

A　No. ⓑ <u>I think so.</u>

**HINT**

think(생각하다)는 일반동사이고 주어는 1인칭이므로 부정문을 만들 때 do not [don't]이 필요하겠죠?

**19**　밑줄 친 ⓐ를 영어로 옮기세요.

→ _____

**20**　밑줄 친 ⓑ를 문맥에 맞게 부정문으로 바꿔 쓰세요.

→ _____

# Chapter 4

## 문장 2, 3순위의 과거를 폭로하마!

### 동사의 과거형

 영단어와 한국어 뜻을 각각 가리고 외워 보자!

| | | | | | |
|---|---|---|---|---|---|
| 1 | alone | 홀로, 혼자서 | 11 | dream | 꿈, 꿈꾸다 |
| 2 | popular | 인기 있는 | 12 | delicious | 맛있는 |
| 3 | short | (키가) 작은 | 13 | hug | 포옹하다, 껴안다 |
| 4 | neighbor | 이웃 | 14 | worry | 걱정하다 |
| 5 | greedy | 욕심 많은 | 15 | loudly | 큰 소리로, 시끄럽게 |
| 6 | catch | 잡다 | 16 | next to | ~옆에 |
| 7 | musician | 음악가 | 17 | nervous | 불안해하는 |
| 8 | stay | 머무르다 | 18 | secret | 비밀 |
| 9 | advice | 조언, 충고 | 19 | mistake | 실수 |
| 10 | fault | 잘못, 결점 | 20 | travel | 여행하다 |

# be동사의 과거형 1

**We were at the concert yesterday.** 우리는 어제 콘서트에 있었다.

**It was fun.** 그것은 재미있었다.

✓ 과거시제는 이미 일어난 일이나 그때의 상태를 나타내며, **be**동사의 과거형에는 **was**, **were**가 있어요.
주로 **yesterday**(어제), **last**(지난) ~, ~ **ago**(전), **then**(그때)과 같은 말과 함께 써요.

| 주어 | be동사의 현재형 | be동사의 과거형 |
|---|---|---|
| I | **am** | was |
| he / she / it | **is** | |
| we / you / they | **are** | were |

**I was in my room then. Now, I am in the living room.** 나는 그때 내 방에 있었다. 지금 나는 거실에 있다.

**He was fat then. He is very thin now.** 그는 그때 뚱뚱했다. 지금 그는 매우 날씬하다.

**They were busy last week. Now, they are free.** 그들은 지난주에 바빴다. 이제 그들은 여유가 있다.

**tips** 단수명사나 셀 수 없는 명사가 주어로 쓰일 경우 **was**를 쓰고, 복수명사가 주어로 쓰일 경우 **were**를 써요.
The coffee **was** warm. 그 커피는 따뜻했다.
Kate and Jason **were** at school. Kate와 Jason은 학교에 있었다.

---

**Check-up**

정답 및 해설 p.16

**다음 현재형을 과거형으로 바꿀 때 빈칸에 알맞은 말을 쓰세요.**

**1** I am happy. 나는 행복하다. → I ⬚was⬚ happy. 나는 행복했다.

**2** You are brave. 너는 용감하다. → You ⬚⬚ brave. 너는 용감했다.

**3** It is sunny. 날씨가 맑다. → It ⬚⬚ sunny. 날씨가 맑았다.

**4** He is a singer. 그는 가수이다. → He ⬚⬚ a singer. 그는 가수였다.

**5** They are in town. 그들은 동네에 있다. → They ⬚⬚ in town. 그들은 동네에 있었다.

# STEP 1

**A**  다음 중 알맞은 것을 고르세요.

**Voca**
............
short
키가 작은, 짧은
at that time
그때

**1**  I    was / were    short last year.

**2**  You    was / were    lucky at that time.

**3**  They    was / were    good friends.

**4**  We    was / were    at the zoo.

**5**  It    was / were    a hot summer day.

**B**  다음 빈칸에 알맞은 be동사의 과거형을 쓰세요.

**Voca**
............
test
시험
comedy
movie
코미디 영화
month
달, 월

**1**  I    was    sad at that time.

**2**  She    _____    alone last night.

**3**  The test    _____    easy.

**4**  It    _____    a comedy movie.

**5**  We    _____    in L.A. last month.

**6**  They    _____    busy yesterday.

**7**  Their songs    _____    popular at that time.

## STEP 2

**A** 다음 문장을 과거시제로 바꿔 다시 쓰세요.

**Voca**
...............
hungry
배고픈
hour
시간

**1** You are a hero. 너는 영웅이다.

You were a hero                                                        at that time.

**2** We are hungry. 우리는 배가 고프다.

                                                                        an hour ago.

**3** I am in the tennis club. 나는 테니스부이다.

                                                                        two years ago.

**4** She is my math teacher. 그녀는 내 수학 선생님이시다.

                                                                        last year.

**5** It is rainy. 비가 온다.

                                                                        yesterday.

**B** 다음 밑줄 친 부분을 알맞게 고쳐 문장을 다시 쓰세요.

**Voca**
...............
quiet
조용한
born
태어난
on one's
way home
~의 집에 가는 길에

**1** I <u>am</u> tired last night. 나는 어젯밤에 피곤했다.

I was tired last night.

**2** He <u>were</u> my neighbor last year. 그는 작년에 내 이웃이었다.

**3** The class <u>is</u> quiet an hour ago. 그 수업은 한 시간 전에 조용했다.

**4** We <u>was</u> born on the same day. 우리는 같은 날 태어났다.

**5** Emma and I <u>was</u> on our way home then. Emma와 나는 그때 집에 가는 길이었다.

 **A** 다음 우리말과 같은 뜻이 되도록 주어진 단어를 배열하세요.

**Voca**

greedy
욕심 많은
on holiday
휴가 중인
yard
뜰, 마당
musician
음악가

**1** 그는 욕심 많은 사람이었다. (was, a greedy man, he)

He was a greedy man.

**2** 우리는 지난주에 휴가 중이었다. (on holiday, were, we)

_____ last week.

**3** 버스는 사람들로 가득 찼다. (full, was, the bus)

_____ of people.

**4** 아이들은 마당에 있었다. (in the yard, the children, were)

_____

**5** Peter와 Sophia는 음악가였다. (were, Peter and Sophia, musicians)

_____

 **B** 다음 주어진 조건에 따라 우리말에 맞게 영작하세요.

**조건** 1. be동사의 과거형을 사용할 것
2. 괄호에 주어진 단어를 활용할 것

**Voca**

third
세 번째의
window
창문

**1** 나는 전에 고양이가 무서웠다. (be afraid of cats)

I was afraid of cats before.

**2** 너는 그때 아름다웠다. (beautiful)

_____ at that time.

**3** 그들은 작년에 3학년이었다. (in the third grade)

_____ last year.

**4** 그 창문은 한 시간에 전에 열려 있었다. (the window, open)

_____ an hour ago.

# be동사의 과거형 2

A Was she happy at the news? 그녀는 그 소식에 기뻐했니?

B No. She **wasn't** happy. 아니. 기뻐하지 않았어.
   She **was** sad. 그녀는 슬퍼했어.

## 1 be동사 과거형의 부정문

was not은 wasn't로, were not은 weren't로 줄여 쓸 수 있어요.

| 주어 | be동사의 부정문 | 축약형 |
|---|---|---|
| I | was not | wasn't |
| he / she / it | | |
| we / you / they | were not | weren't |

I was not[wasn't] late for school. 나는 학교에 늦지 않았다.

She was not[wasn't] at home yesterday. 그녀는 어제 집에 없었다.

We were not[weren't] hungry then. 우리는 그때 배가 고프지 않았다.

## 2 be동사 과거형의 의문문

| be동사 + 주어 ~? | | | 긍정의 대답 | 부정의 대답 |
|---|---|---|---|---|
| Was | I | ~? | Yes, 주어+**was / were**. | No, 주어+**wasn't / weren't**. |
| | he / she / it | | | |
| Were | we / you / they | | | |

A Was it rainy last night? 어젯밤에 비가 내렸니?

B Yes, it **was**. / No, it **wasn't**. 응. 내렸어. / 아니, 내리지 않았어.

A Were you sick yesterday? 너는 어제 아팠니?

B Yes, I **was**. / No, I **wasn't**. 응. 아팠어. / 아니, 아프지 않았어.

A Were they at the museum? 그들은 박물관에 있었니?

B Yes, they **were**. / No, they **weren't**. 응. 있었어. / 아니, 없었어.

**A** 다음 빈칸에 was 또는 were 중에서 알맞은 것을 써넣으세요.

**1** I _was_ not sleepy.

**2** He _____ not a liar.

**3** They _____ not friends.

**4** You _____ not at school.

**5** Mr. Angel and I _____ not at the party.

**Voca**

sleepy
졸린
liar
거짓말쟁이

**B** 다음 그림을 보고, 알맞은 be동사의 과거형을 이용하여 대화를 완성하세요

**1**   A  Was it sunny yesterday?

  B  Yes, it _was_ .

**Voca**

sunny
화창한
hospital
병원

**2**   A  Were you busy last week?

  B  No, I _____ .

**3**   A  Were they in the hospital?

  B  No, they _____ .

**4**   A  _____ she a music teacher?

  B  Yes, she _____ .

**5**   A  _____ the kids at the party?

  B  Yes, they _____ .

## STEP 2

**A**  다음 문장을 괄호 안의 주어진 지시대로 바꿀 때 빈칸에 알맞은 말을 쓰세요.

**Voca**

kitchen
부엌
surprised
놀란
on sale
세일 중인

**1**  I was in the kitchen. (부정문)

I was not [wasn't] _____ in the kitchen.

**2**  We were ready for the test. (부정문)

_____ ready for the test.

**3**  Jacob was a good boy. (부정문)

_____ a good boy.

**4**  They were surprised. (의문문)

_____

**5**  These caps were on sale. (의문문)

_____

**B**  다음 밑줄 친 부분을 알맞게 고쳐 문장을 다시 쓰세요.

**Voca**

fault
잘못
desk
책상

**1**  <u>Were</u> Kate happy at that time? Kate는 그때 행복했니?

Was Kate happy at that time?

**2**  It <u>not was</u> your fault. 그것은 너의 잘못이 아니었다.

_____

**3**  She <u>not</u> with us yesterday. 그녀는 어제 우리와 있지 않았다.

_____

**4**  We <u>aren't</u> there last night. 우리는 어젯밤에 거기에 없었다.

_____

**5**  <u>Was</u> your textbooks on the desk? 너의 교과서가 책상 위에 있었니?

_____

## STEP 3

 **A**  다음 우리말과 같은 뜻이 되도록 주어진 단어를 배열하세요.

**Voca**
..............
dream
꿈
cupcake
컵케이크

**1**  그것은 꿈이었니? (a dream, was, it)

   Was it a dream?

**2**  그 사람들은 친절했니? (friendly, were, the people)


**3**  그 컵케이크는 맛있지 않았다. (delicious, not, the cupcakes, were)


**4**  Cathy는 서점에 있지 않았다. (was, Cathy, in the bookstore, not)


**5**  그 남자들은 축구 선수들이 아니었다. (were, soccer, not, players, the men)

 **B**  다음 주어진 조건에 따라 우리말에 맞게 영작하세요.

**조건**  1. be동사의 과거형을 사용할 것
     2. 부정문일 경우, 축약형을 사용할 것

**1**  그 콘서트는 훌륭했니? (the concert, great)

   Was the concert great?

**Voca**
..............
healthy
건강한
same
같은

**2**  Ted는 그때 건강하지 않았다. (healthy, then)


**3**  그들은 작년에 일본에 있었니? (in Japan, last year)


**4**  Amy와 나는 같은 반이 아니었다. (in the same class)

# 일반동사 과거형 1

규칙 변화

**The teacher called my name.** 선생님이 내 이름을 부르셨다.

**I said "yes."** 나는 '네'라고 말했다.

✓ 일반동사 과거형은 '~했다'라는 의미이고, 규칙에 따라 변하는 동사와 불규칙적으로 변하는 동사가 있어요.
일반동사의 과거형은 인칭이나 수에 관계없이 형태가 같아요.

| 대부분의 동사 | + -ed | asked   talked   played   worked |
| --- | --- | --- |
| -e로 끝나는 동사 | + -d | liked   loved   danced   arrived |
| 「단모음+단자음」으로 끝나는 동사 | 자음을 한 번 더 쓰고 + -ed | stop – stopped   drop – dropped<br>plan – planned   hug - hugged |
| 「자음+y」로 끝나는 동사 | y를 i로 바꾸고 + -ed | cry – cried   try – tried<br>study – studied |

**He worked hard last year.** 그는 작년에 열심히 일했다.

**They danced together.** 그들은 함께 춤췄다.

**I dropped a fork.** 나는 포크를 떨어뜨렸다.

**She cried a lot last night.** 그녀는 어젯밤에 펑펑 울었다.

**Check-up**

정답 및 해설 p.18

### 다음 동사의 과거형을 쓰세요.

| | | | | | |
| --- | --- | --- | --- | --- | --- |
| **1** | help | helped | **6** | love | |
| **2** | play | | **7** | stop | |
| **3** | call | | **8** | plan | |
| **4** | stay | | **9** | try | |
| **5** | live | | **10** | study | |

**A** 다음 중 알맞은 것을 고르세요.

**Voca**

present
선물
hair
머리(카락)

**1** She  tried / tries  her best last year.

**2** Mason  like / liked  my present.

**3** We  study / studied  at home yesterday.

**4** Peter  opens / opened  the door an hour ago.

**5** I  ~~washed~~ / washes  my hair this morning.

**B** 다음 우리말과 같은 뜻이 되도록 주어진 단어를 알맞은 형태로 바꿔 쓰세요.

**Voca**

tear
눈물
enjoy
즐기다
arrive
도착하다

**1** 그녀는 눈물을 닦았다. (dry)

She    dried    her tears.

**2** 그들은 파티를 계획했다. (plan)

They              a party.

**3** 우리는 그 영화를 즐겼다. (enjoy)

We              the movie.

**4** 경기는 조금 전에 시작했다. (start)

The game              a few minutes ago.

**5** Julie는 지난주에 L.A.에 도착했다. (arrive)

Julie              in L.A. last week.

**A** 다음 밑줄 친 부분을 과거형으로 바꿔 문장을 완성하세요.

**Voca**

terrible
끔찍한
all day
하루 종일
hug
껴안다, 포옹하다

**1** You <u>look</u> terrible.

You looked terrible      last night.

**2** We <u>stay</u> at a hotel.

     last week.

**3** She <u>lives</u> in a small town.

     a year ago.

**4** Robin <u>studies</u> all day.

     yesterday.

**5** My mom <u>hugs</u> me every morning.

     this morning.

**B** 다음 밑줄 친 부분을 알맞게 고쳐 문장을 다시 쓰세요.

**Voca**

stop
멈추다
worry about
~에 대해 걱정하다
bake
굽다

**1** He <u>calls</u> you an hour ago. 그가 한 시간 전에 너에게 전화했다.

He called you an hour ago.

**2** The snow <u>stops</u> this morning. 눈은 오늘 아침에 그쳤다.

**3** The man <u>wants</u> some food then. 그 남자는 그때 약간의 음식을 원했다.

**4** We <u>worry</u> about you last night. 우리는 어젯밤에 너를 걱정했다.

**5** My mom <u>bakes</u> cookies last weekend. 우리 엄마가 지난 주말에 쿠키를 구우셨다.

 STEP 3

**A** 다음 우리말과 같은 뜻이 되도록 주어진 단어를 배열하세요.

**Voca**

job
일, 직업
carry
운반하다, 나르다
visit
방문하다

**1** Jack은 자신의 일을 좋아했다. (Jack, his job, loved)

　　Jack loved his job.

**2** 우리 가족은 여행을 계획했다. (a trip, planned, our family)

**3** 그 웨이터가 음식을 가지고 왔다. (the food, the waiter, carried)

**4** 그 선생님께서 많은 질문을 하셨다. (asked, many questions, the teacher)

**5** 그녀는 지난주에 이모를 방문했다. (her aunt, visited, she)

　　　　　　　　　　　　　　　　　　　　last week.

**B** 다음 주어진 조건에 따라 우리말에 맞게 영작하세요.

**조건** 1. 일반동사의 과거형을 사용해서 쓸 것
2. 괄호에 주어진 단어를 활용할 것

**1** 그 여성은 크게 울었다. (the woman, cry, loudly)

　　The woman cried loudly.

**Voca**

loudly
시끄럽게
drop
떨어뜨리다
vase
꽃병

**2** Jennifer는 어젯밤에 게임을 했다. (play, games)

　　　　　　　　　　　　　　　　　　last night.

**3** 우리 할아버지는 열심히 일하셨다. (my granddad, work, hard)

**4** 그녀는 바닥에 꽃병을 떨어뜨렸다. (drop, a vase, on the floor)

# 일반동사 과거형 2

불규칙 변화

**My family went to the zoo.** 우리 가족은 동물원에 갔다.

**We saw a giraffe.** 우리는 기린을 보았다.

| 현재형 = 과거형 | cut – cut | put – put | hit – hit | read – read[red] |
|---|---|---|---|---|
| **불규칙 변화** | eat – ate<br>do – did<br>go – went<br>have – had<br>come – came<br>buy – bought<br>catch – caught<br>give – gave<br>break – broke | drink – drank<br>feel – felt<br>fly – flew<br>know – knew<br>leave – left<br>meet – met<br>make – made<br>grow – grew<br>keep – kept | lose – lost<br>ride – rode<br>run – ran<br>see – saw<br>swim – swam<br>send – sent<br>sing – sang<br>sit – sat<br>send – sent | sleep – slept<br>speak – spoke<br>spend – spent<br>tell – told<br>teach – taught<br>take – took<br>write – wrote<br>wear – wore<br>win – won |

**I cut the cake in four pieces.** 나는 케이크를 네 조각으로 잘랐다.

**The police caught the thief.** 경찰이 도둑을 잡았다.

**She ran to her house.** 그녀는 집으로 달려갔다.

**We won the last game.** 우리가 지난 경기에서 이겼다.

**Check-up**

정답 및 해설 p.20

다음 동사의 과거형을 쓰세요.

| | | | | | |
|---|---|---|---|---|---|
| **1** | put | put | **6** | fly | |
| **2** | read | | **7** | meet | |
| **3** | go | | **8** | ride | |
| **4** | buy | | **9** | send | |
| **5** | break | | **10** | take | |

**A** 다음 중 알맞은 것을 고르세요.

Voca
..............
circus
서커스
mistake
실수
leave
떠나다
minute
분

**1** We see / saw a circus yesterday.

**2** He knew / know my family.

**3** I meet / met her a year ago.

**4** You made / make a big mistake yesterday.

**5** The train leave / left ten minutes ago.

**B** 다음 우리말과 같은 뜻이 되도록 주어진 단어를 알맞은 형태로 바꿔 쓰세요.

Voca
..............
carefully
조심스럽게
next to
~ 옆에

**1** Ted는 천천히 조심스럽게 말했다. (speak)

Ted **spoke** slowly and carefully.

**2** 그는 저녁으로 피자를 먹었다. (eat)

He _____ pizza for dinner.

**3** Bella가 나에게 편지를 썼다. (write)

Bella _____ a letter to me.

**4** 그들은 지난주에 싸웠다. (have)

They _____ a fight last week.

**5** 나는 수학 시간에 그녀 옆에 앉았다. (sit)

I _____ next to her in math class.

## STEP 2

**Voca**
.............
break
깨뜨리다
mirror
거울
say hello to
~에게 인사하다
lose
잃다

**A** 다음 밑줄 친 단어를 과거형으로 바꿔 문장을 완성하세요.

**1** He <u>gives</u> me flowers.

He gave me flowers      last night.

**2** Sylvia <u>breaks</u> a mirror.

     yesterday.

**3** Nora <u>says</u> hello to me.

     this morning.

**4** She <u>loses</u> her train ticket.

     today.

**5** Jenny and I <u>take</u> a walk.

     last Sunday.

**Voca**
.............
bicycle
자전거
teach
가르치다

**B** 다음 밑줄 친 부분을 알맞게 고쳐 문장을 다시 쓰세요.

**1** She <u>reads</u> this book last year. 그녀는 작년에 이 책을 읽었다.

She read this book last year.

**2** They <u>ride</u> bicycles to school yesterday. 그들은 어제 학교에 자전거를 타고 갔다.

**3** We <u>buy</u> a house in 2015. 우리는 2015년에 집을 샀다.

**4** Mr. Horton <u>teaches</u> us three years ago. Horton 선생님이 3년 전에 우리를 가르치셨다.

**5** Eric <u>swims</u> in the river last Friday. Eric은 지난 금요일에 강에서 수영했다.

 **A** 다음 우리말과 같은 뜻이 되도록 주어진 단어를 배열하세요.

**Voca**
.............
clothes
옷
sweater
스웨터

**1** 그는 집에 늦게 들어왔다. (came, he, home)

He came home _____ late.

**2** 그녀는 옷들은 상자에 넣었다. (put, clothes, she)

_____ into the box.

**3** Ben은 시험을 보기 전 떨렸다. (Ben, nervous, felt)

_____ before the test.

**4** 나는 어제 Jim에게 이메일을 보냈다. (an e-mail, I, sent)

_____ to Jim yesterday.

**5** Isabel은 오늘 빨간색 스웨터를 입었다. (a red sweater, Isabel, wore)

_____ today.

 **B** 다음 주어진 조건에 따라 우리말에 맞게 영작하세요.

**조건**  1. 일반동사의 과거형을 사용할 것
        2. 괄호에 주어진 단어를 활용할 것

**1** Amy가 내 비밀을 지켰다. (keep, my secret)

Amy kept my secret.

**Voca**
.............
keep
지키다
secret
비밀

**2** 그녀는 채소를 잘랐다. (cut, the vegetables)



**3** Nick이 나에게 노래를 불러주었다. (sing, a song, for me)



**4** 나는 어제 10시간 동안 잤다. (sleep, for ten hours, yesterday)

I didn't sleep well last night. 나는 어제 잠을 잘 못 잤다.

Did I have a nightmare? 내가 악몽을 꿨나?

## 1 일반동사 과거형의 부정문   did not은 didn't로 줄여 쓸 수 있어요.

| 주어 | 과거형 부정문 |
|---|---|
| 모든 주어 | did not [didn't] + **동사원형** |

I did not [didn't] meet Susie this morning. 나는 오늘 아침에 Susie를 만나지 않았다.

It did not [didn't] rain last night. 어젯밤에 비가 내리지 않았다.

They did not [didn't] visit me. 그들은 나를 방문하지 않았다.

## 2 일반동사 과거형의 부정문   일반동사 과거형의 부정문과 의문문은 주어의 인칭이나 수에 관계없이 did를 써서 나타내요.

| 의문문 | | 긍정의 대답 | 부정의 대답 |
|---|---|---|---|
| Did | 주어 + **동사원형** ~? | Yes, 주어+ **did**. | No, 주어+ **didn't**. |

A  Did you do your homework? 너는 숙제를 했니?
B  Yes, I **did**. / No, I **didn't**. 응, 했어. / 아니, 안 했어.

A  Did she cook dinner yesterday? 그녀가 어제 저녁을 요리했니?
B  Yes, she **did**. / No, she **didn't**. 응, 했어. / 아니, 안 했어.

**Check-up**

정답 및 해설 p.21

다음 밑줄 친 부분에 유의하여 빈칸에 알맞은 말을 쓰세요.

**1** 너는 공부를 열심히 하지 <u>않았다</u>.    → You   did   **not study** hard.

**2** 그녀는 나를 기다리지 <u>않았다</u>.    → She   **not wait** for me.

**3** 그들이 그 소식을 <u>들었니</u>?    →   they **hear** the news?

**4** Kate가 시험에 <u>통과했니</u>?    →   Kate **pass** the test?

**A** 다음 우리말과 같은 뜻이 되도록 주어진 단어를 이용하여 문장을 완성하세요.
(단, 축약형으로 쓸 것)

**Voca**

tell
말하다
lie
거짓말

**1** 나는 거짓말을 하지 않았다. (tell)

I  didn't  tell  a lie.

**2** 그녀는 잠을 잘 못 잤다. (sleep)

She _____ well.

**3** 우리는 그 영화를 즐기지 않았다. (enjoy)

We _____ the movie.

**4** Amy는 어떤 충고도 원하지 않았다. (want)

Amy _____ any advice.

**B** 다음 그림을 보고, 주어진 단어를 이용하여 과거시제 의문문을 완성하세요.

**Voca**

message
메시지
fix
고치다, 수리하다

**1**
A  Did  she  catch  a cold? (catch)
B  Yes, she did.

**2**
A  _____ you _____ in a hotel? (stay)
B  No, I didn't.

**3**
A  _____ Julia _____ my message? (get)
B  Yes, she did.

**4**
A  _____ they _____ by train? (travel)
B  No, they didn't.

**5**
A  _____ your dad _____ the roof? (fix)
B  Yes, he did.

**A** 다음 밑줄 친 단어에 유의하여 괄호 안의 지시대로 바꿔 문장을 완성하세요.

Voca
··············
truth
진실
report
리포트
take a nap
낮잠을 자다

**1** I knew the truth. (부정문)

> I did not [didn't] know _____ the truth.

**2** He finished his report. (부정문)

> _____ his report.

**3** Betty took a nap. (부정문)

> _____ a nap.

**4** She bought milk. (의문문)

> _____ milk?

**5** Jamie left early. (의문문)

> _____ early?

**B** 다음 밑줄 친 부분을 알맞게 고쳐 문장을 다시 쓰세요.

Voca
··············
anything
아무것
change
바꾸다

**1** It didn't tastes good. 그것은 맛이 좋지 않았다.

> It didn't taste good.

**2** I don't ate anything yesterday. 나는 어제 아무것도 먹지 않았다.

> _____

**3** My mom didn't wakes me up. 엄마는 나를 깨우지 않았다.

> _____

**4** Do you wear hats yesterday? 너희들은 어제 모자를 썼니?

> _____

**5** Did she changes her plan? 그녀는 자신의 계획을 바꿨니?

> _____

**A** 다음 우리말과 같은 뜻이 되도록 주어진 단어를 배열하세요.

**Voca**

feed
먹이를 주다
agree with
~와 동의하다
lock
잠그다
on time
제 시간에

**1** Lisa는 그를 믿지 않았다. (believe, Lisa, not, him, did)

Lisa did not believe him.

**2** 너는 물고기에게 먹이를 주지 않았다. (the fish, feed, did, you, not)

**3** 그녀는 나에게 동의하지 않았다. (she, agree with me, not, did)

**4** 너는 문을 잠갔니? (the door, lock, did, you)

**5** 버스가 제시간에 도착했니? (on time, arrive, the bus, did)

**B** 다음 주어진 조건에 따라 우리말에 맞게 영작하세요.

**조건** 1. 과거시제로 쓸 것
2. 부정문일 경우, 축약형을 사용할 것

**1** Mike는 이를 닦지 않았다. (brush, his teeth)

**Voca**

rest
휴식
bring
가져오다
lunch box
도시락(통)

Mike didn't brush his teeth.

**2** 우리는 쉴 시간이 없었다. (have time)

for a rest.

**3** 너는 도시락을 가지고 왔니? (bring, your lunch box)

**4** Smith 씨는 작년에 혼자 살았나요? (Mr. Smith, live alone)

last year?

**단답형&서술형**

중등내신
서술형 맛보기

**[1-4]** 다음 문장을 과거시제로 바꿀 때 빈칸에 알맞은 말을 쓰세요.

**1**

I am sick now.

→ I _____ sick last night.

**2**

They are proud of her.

→ They _____ proud of her then.

**HINT**

일반동사 과거형
은 3인칭 단수와
관계없이 규칙적
으로 -d/-ed를
붙이거나 불규칙으
로 변화함을 잊지
마세요.

**3**

She talks about her family.

→ She _____ about her family before.

**4**

We go on a picnic.

→ We _____ on a picnic last Sunday.

**[5-8]** 다음 주어진 동사의 현재형과 과거형을 한 번씩 사용하여 문장을 완성하세요.

**5**

(live)
(1) Karen _____ in London last year.
(2) But she _____ in Oxford now.

**6**

(come)
(1) My dad usually _____ home early.
(2) But he _____ home late yesterday.

**7**

(read)
(1) He usually _____ a science book.
(2) But he _____ a comic book last night.

**HINT**

동사 read의 과거
형은 똑같은 read
이지만 발음이 다
르니 읽을 때 주의
가 필요해요.

**8**

(learn)
(1) I _____ the guitar these days.
(2) But I _____ the piano three months ago.

**[9-11]** 다음 주어진 동사를 시제에 맞게 변형하여 대화를 완성하세요.

**9**

A _____ you at home <u>yesterday</u>? (be)

B No, I wasn't. I _____ soccer with James. (play)

**10**

A _____ you _____ the festival <u>last weekend</u>? (enjoy)

B Yes, we did. It _____ really exciting. (be)

**11**

A _____ it rainy outside <u>now</u>? (be)

B No, it isn't. The rain _____ an hour ago. (stop)

**HINT**

「단모음+단자음」
으로 끝나는 단어는
자음을 한 번 더
쓰고 -ed를 추가
해요.

**[12-13]** 다음 밑줄 친 부분을 바르게 고쳐 문장을 다시 쓰세요.

**12** They <u>was not</u> here last night.

→ _____

**13** <u>Was</u> Tom paint the wall?

→ _____

**[14-15]** 다음 문장을 부정문과 의문문으로 바꿔 쓰세요.

**14** She was a nurse.

(1) 부정문 → _____

(2) 의문문 → _____

**15** You did your homework.

(1) 부정문 → _____

(2) 의문문 → _____

**[16-17]** 다음 대화를 읽고, 물음에 답하세요.

> A   I'm so hungry now. I didn't ① ate lunch today.
>
> B   ② Was you busy at school?
>
> A   Yes, I was. (A) <u>나는 점심 먹을 시간이 없었다.</u> (have time)
>
> B   Here is a sandwich for you.

**HINT**

·didn't 다음에 오
는 동사의 형태는
원형이에요.

· you는 1인칭 단
수나 3인칭 단수
가 아니므로 was
와 쓸 수 없어요.

**16**  ①, ②를 바르게 고쳐 쓰세요.

①  _____         ②  _____

**17**  (A)의 우리말과 같은 뜻이 되도록 주어진 단어를 이용하여 문장을 완성하세요.

→ _____ for lunch.

**[18-20]** 다음 일정표를 보고, 과거시제를 이용하여 보기처럼 빈칸에 알맞은 말을 쓰세요.

| Monday | Thursday | Friday | Saturday |
|---|---|---|---|
| take a piano lesson | buy some clothes | study for the exam | visit my grandparents |

보기   On Monday, _____ I took a piano lesson _____.

**18**  On Thursday, I _____.

**19**  On Friday, I _____.

**20**  On Saturday, I _____.

# Chapter 5

## 문장의 또 다른 모습은 무엇일까?

### 진행형과 미래시제

 영단어와 한국어 뜻을 각각 가리고 외워 보자!

| | | | | | |
|---|---|---|---|---|---|
| 1 | balloon | 풍선 | 11 | collect | 모으다, 수집하다 |
| 2 | dentist | 치과의사 | 12 | burn | 불에 타다, 태우다 |
| 3 | stage | 무대 | 13 | flow | 흐르다 |
| 4 | truth | 사실, 진실 | 14 | boil | 끓다, 끓이다 |
| 5 | bridge | 다리 | 15 | plant | 심다; 식물 |
| 6 | practice | 연습하다 | 16 | begin | 시작하다, 시작되다 |
| 7 | hide | 숨다 | 17 | forgive | 용서하다 |
| 8 | hit | 치다, 부딪히다 | 18 | abroad | 해외로, 해외에 |
| 9 | fight | 싸우다 | 19 | grass | 잔디 |
| 10 | newspaper | 신문 | 20 | move | 움직이다 |

# 현재진행형 1

It is snowing. 눈이 내리고 있다.

Children are making a snowman. 아이들이 눈사람을 만들고 있다.

✓ 현재진행형은 '~하고 있다, ~하는 중이다'라는 의미로 지금 진행 중인 일을 나타내요.

## 1 현재진행형

| 주어 | 현재진행형 | |
|---|---|---|
| I | am | |
| he / she / it | is | + V-ing |
| we / you / they | are | |

I am drawing a puppy. 나는 강아지를 그리고 있다.

He is riding a bicycle now. 그는 지금 자전거를 타고 있다.

They are painting the house. 그들은 집에 페인트를 칠하고 있다.

## 2 -ing형 만드는 법

| 대부분의 동사 | 동사원형+ -ing | crying    eating    looking    walking |
|---|---|---|
| -e로 끝나는 동사 | e를 빼고+ -ing | come – coming    give – giving<br>live – living    move – moving |
| -ie로 끝나는 동사 | ie를 y로 바꾸고+ -ing | lie – lying    die – dying    tie – tying |
| 「단모음+단자음」으로 끝나는 동사 | 마지막 자음을 한 번 더 쓰고 -ing | begin – beginning    cut – cutting<br>run – running    swim – swimming |

**Check-up**

정답 및 해설 p.23

다음 동사를 -ing형으로 쓰세요.

**1** go    going

**3** run

**2** lie

**4** play

 **A** 다음 주어진 단어를 이용하여 현재진행형 문장을 완성하세요.

**1** The baby is    crying    . (cry)

**2** The flowers are         . (die)

**3** Alice is        a rest. (take)

**4** We are       a pancake. (make)

**5** Our team is       the game. (win)

**Voca**

die
죽다
pancake
팬케이크
win
이기다, 우승하다

 **B** 다음 그림을 보고, 보기의 단어를 이용하여 현재 진행형 문장을 완성하세요.

보기    rain    sit    listen    write    tie

**1**  I    am    writing   a letter.

**2**  My dad            a necktie.

**3**  We           to music.

**4**  They          on the grass.

**5**  It         heavily.

**Voca**

tie
묶다
(neck)tie
넥타이
grass
잔디(밭)
heavily
심하게, 많이

## STEP 2

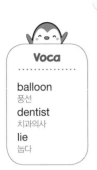

**A** 다음 문장을 현재진행형으로 바꿀 때 빈칸에 알맞은 말을 쓰세요.

**Voca**
.............
balloon
풍선
dentist
치과의사
lie
눕다

**1** Alex <u>gives</u> balloons to the kids.

Alex    is    giving    balloons to the kids now.

**2** We <u>learn</u> science.

We              science now.

**3** I <u>go</u> to the dentist.

I              to the dentist now.

**4** She <u>lies</u> on the sofa.

She              on the sofa now.

**5** Jenny and Ben <u>swim</u> in the sea.

Jenny and Ben              in the sea.

**B** 다음 밑줄 친 부분을 알맞게 고쳐 문장을 다시 쓰세요.

**Voca**
.............
potato
감자
hamburger
햄버거
stage
무대

**1** Jessica is <u>enjoys</u> the painting. Jessica는 그림을 즐기고 있다.

Jessica is enjoying the painting.

**2** He is <u>cut</u> potatoes. 그는 감자를 자르고 있다.

**3** I <u>am eat</u> a hamburger. 나는 햄버거를 먹고 있다.

**4** The girls <u>are dance</u> on stage. 소녀들은 무대에서 춤추고 있다.

**5** We <u>watching</u> a movie now. 우리는 지금 영화를 보고 있다.

**STEP 3**

**A** 다음 우리말과 같은 뜻이 되도록 주어진 단어를 배열하세요.

**Voca**

ribbon
리본
skate
스케이트를 타다
ice
얼음
market
시장

**1** 하늘에서 눈이 내리고 있다. (is, falling, snow)

　　Snow is falling　　　　　　　　　　　　　　from the sky.

**2** Anna는 리본을 묶고 있다. (Anna, a ribbon, tying, is)

**3** Jerry와 Mia는 빙판에서 스케이트를 타고 있다. (Jerry and Mia, skating, are)

　　　　　　　　　　　　　　　　　　　　　on the ice.

**4** 그 기차는 지금 떠나고 있다. (leaving, is, the train)

　　　　　　　　　　　　　　　　　　　　　now.

**5** 그들은 시장에서 쇼핑을 하고 있다. (are, they, shopping)

　　　　　　　　　　　　　　　　　　　at the market.

**B** 다음 주어진 조건에 따라 우리말에 맞게 영작하세요.

**조건**　1. 현재진행형으로 쓸 것
　　　　2. 괄호에 주어진 단어를 활용할 것

**Voca**

put
놓다, 넣다
computer
컴퓨터

**1** 너는 나에게 거짓말을 하고 있다. (lie)

　　You are lying　　　　　　　　　　　　　to me.

**2** 나는 내 안경을 찾고 있다. (look for, my glasses)

**3** 그들은 책을 상자에 넣고 있다. (put, books)

　　　　　　　　　　　　　　　　　　　in the box.

**4** 아빠가 그 컴퓨터를 수리하고 계시다. (my dad, fix, the computer)

A **Are they dancing?** 그들은 춤을 추고 있니?

B **No. They are not dancing.** 아니야. 그들은 춤을 추고 있지 않아.
**They are singing.** 그들은 노래를 부르고 있어.

## 1 현재진행형 부정문

| 주어 | | be동사의 현재형 + not + -ing | |
|---|---|---|---|
| I | am | | |
| he/she/it | is | not | + V-ing |
| we/you/they | are | | |

**I am not telling a lie.** 나는 거짓말을 하고 있지 않다.

**We are not playing catch.** 우리는 캐치볼을 하고 있지 않다.

**She is not waiting for Lena.** 그는 Lena를 기다리고 있지 않다.

## 2 현재진행형 의문문

| be동사의 현재형 + 주어 + -ing ~? | | | 긍정의 대답 | 부정의 대답 |
|---|---|---|---|---|
| Am | I | | | |
| Is | he/she/it | V-ing ~? | Yes, 주어 + am/are/is | No, 주어 + am/are/is + not. |
| Are | we/you/they | | | |

A **Is he sleeping?** 그는 잠을 자고 있니?
B **Yes, he is. / No, he isn't.** 응, 자고 있어. / 아니, 자고 있지 않아.

**Check-up**

정답 및 해설 p.24

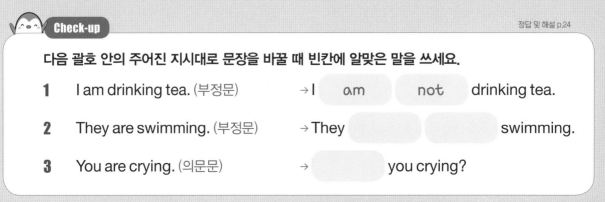

다음 괄호 안의 주어진 지시대로 문장을 바꿀 때 빈칸에 알맞은 말을 쓰세요.

1 I am drinking tea. (부정문) → I [am] [not] drinking tea.

2 They are swimming. (부정문) → They [ ] [ ] swimming.

3 You are crying. (의문문) → [ ] you crying?

## STEP 1

**A** 다음 밑줄 친 부분을 부정형으로 바꿔 쓰세요. (단, 축약형으로 쓰지 말 것)

**1** The sun <u>is shining</u>.      is not shining

**2** We <u>are going</u> fishing.

**3** Nick <u>is taking</u> a picture.

**4** I <u>am talking</u> to you.

**5** They <u>are building</u> a bridge.

**Voca**

shine
빛나다
go fishing
낚시를 가다
take a picture
사진을 찍다
build
짓다, 만들다
bridge
다리, 가교

**B** 다음 주어진 단어를 이용하여 현재진행형 대화를 완성하세요.

**1**
   **A**   Is   Kate   practicing   the violin? (practice)
   **B**   No, she isn't.

**2**
   **A**        he       ? (hide)
   **B**   Yes, he is.

**3**
   **A**        you        a cake? (make)
   **B**   No, I'm not.

**4**
   **A**        the men        the furniture? (move)
   **B**   Yes, they are.

**5**
   **A**        the wind        hard? (blow)
   **B**   Yes, it is.

**Voca**

practice
연습하다
hide
숨다, 숨기다
wind
바람

 **A** 다음 밑줄 친 부분을 알맞게 고쳐 문장을 다시 쓰세요.

**1** I am not <u>eat</u> ice cream. 나는 아이스크림을 먹고 있지 않다.

> I am not eating ice cream.

**2** He is <u>smiling not</u> now. 그는 지금 웃고 있지 않다.

**3** <u>Do</u> she brushing her hair? 그녀는 머리를 빗고 있니?

**4** <u>The cars are</u> running fast? 차들이 빨리 달리고 있니?

**B** 다음 문장을 부정문과 의문문으로 바꿀 때 빈칸에 알맞은 말을 쓰세요.

**Voca**
................

carry
가지고 다니다,
운반하다
hit
치다, 때리다
use
사용하다
do one's
homework
숙제하다

**1** The woman is carrying a bag. 그 여자는 가방을 들고 있다.

(1) 부정문 → The women is not [isn't] carrying    a bag.

(2) 의문문 → Is the woman carrying    a bag?

**2** Henry is hitting the ball. Henry는 공을 치고 있다.

(1) 부정문 →    the ball.

(2) 의문문 →    the ball?

**3** You are using the Internet. 너는 인터넷을 사용하고 있다.

(1) 부정문 →    the Internet.

(2) 의문문 →    the Internet?

**4** They are doing their homework. 그들은 숙제를 하고 있다.

(1) 부정문 →    their homework.

(2) 의문문 →    their homework?

**A** 다음 우리말과 같은 뜻이 되도록 주어진 단어를 배열하세요.

**Voca**

look at
~을 보다
newspaper
신문

**1** 우리는 싸우고 있지 않다. (not, we, fighting, are)

We are not fighting.

**2** 너는 나를 쳐다보고 있는 거니? (me, you, looking at, are)


**3** 내가 너무 크게 말하고 있니? (too loudly, speaking, am, I)


**4** 그는 신문을 읽고 있지 않다. (reading, not, he, is, a newspaper)


**5** 너의 엄마는 정원에서 일을 하고 계시니? (your mom, working, is)

in the garden?


**B** 다음 주어진 조건에 따라 우리말에 맞게 영작하세요.

**조건** 1. 현재 진행형으로 쓸 것
2. 부정문일 경우, 축약형을 사용할 것

**1** 나는 집에 가고 있지 않다. (go, home)

I'm not going home.

**Voca**

table
탁자
water
물을 주다: 물
throw
던지다

**2** 그들은 탁자를 사고 있지 않다. (buy, a table)


**3** 그녀는 꽃에 물을 주고 있지 않다. (water, the flowers)


**4** 그가 공을 던지고 있니? (throw, a ball)

# 과거진행형 1

was/were + V-ing

They were running in the park. 그들은 공원에서 뛰고 있었다.

She was wearing a pink T-shirt. 그녀는 분홍색 티셔츠를 입고 있었다.

✓ 과거진행형은 '~하고 있었다'라는 의미로 과거의 어느 한 시점에서 진행되고 있는 동작을 나타내요.
주로 at that time, then과 같은 말과 함께 써요.

| 주어 | | 과거진행형 |
|---|---|---|
| I / he / she / it | was | + V-ing |
| we / you / they | were | |

I was playing games at that time. 나는 그때 게임을 하고 있었다.

She was cleaning the bathroom. 그녀는 욕실을 청소하고 있었다.

We were listening to music then. 우리는 그때 음악을 듣고 있었다.

---

**Check-up**

정답 및 해설 p.25

**다음 주어진 단어를 이용하여 과거진행형 문장을 완성하세요.**

**1** I was   living   alone. (live) 나는 혼자 살고 있었다.

**2** It was _____. (snow) 눈이 오고 있었다.

**3** He was _____ outside. (walk) 그는 밖에서 기다리고 있었다.

**4** We were _____ the car. (wash) 우리는 세차를 하고 있었다.

**5** Students were _____ a test. (take) 학생들은 시험을 보고 있었다.

**6** You were _____ on the floor. (lie) 너는 바닥에 누워 있었다.

**7** They were _____ a picnic. (plan) 그들은 소풍을 계획하고 있었다.

# STEP 1

**A** 다음 주어진 단어를 이용하여 과거진행형 문장을 완성하세요.

**Voca**

push
밀다
lemonade
레모네이드

**1** I    was    visiting    James. (visit)

**2** The plants                   . (die)

**3** He                   a car. (push)

**4** We                   the game. (lose)

**5** My mom                   vegetables. (buy)

**6** The kids                   lemonade. (sell)

**B** 다음 우리말과 같은 뜻이 되도록 [보기]에서 알맞은 말을 골라 적절한 형태로 쓰세요.

**보기**    make    tie    send    burn    collect

**Voca**

collect
수집하다
leaf
(나뭇)잎
burn
타다
rope
밧줄

**1** 그들은 나뭇잎을 줍고 있었다.

They    were    collecting    leaves.

**2** 그 아이들이 떠들고 있었다.

The kids                   noise.

**3** 그 집은 불타고 있었다.

The house                   .

**4** 나는 메시지를 보내고 있었다.

I                   a message.

**5** 너는 그때 밧줄을 매고 있었다.

You                   a rope then.

## STEP 2

**Voca**

flow
흐르다
pack
(짐을) 꾸리다, 싸다
blow up
(공기를) 주입하다
weather
날씨

**A** 다음 우리말에 맞게 밑줄 친 부분을 알맞게 고쳐 문장을 다시 쓰세요.

**1** The river <u>was flow</u> slowly. 강물이 천천히 <u>흐르고 있었다.</u>

> The river was flowing slowly.

**2** Ryan <u>wearing</u> a funny hat then. Ryan은 그때 우스꽝스러운 모자를 <u>쓰고 있었다.</u>

**3** I <u>am packing</u> my bag at that time. 나는 그때 가방을 <u>꾸리고 있었다.</u>

**4** My brothers <u>was blowing</u> up balloons. 내 남동생들은 풍선을 <u>불고 있었다.</u>

**5** My parents <u>were talk</u> about the weather. 부모님은 날씨에 대해 <u>이야기하고 있었다.</u>

**Voca**

laugh
(소리 내어) 웃다
cow
암소, 젖소
pick
(과일 등을) 따다

**B** 다음 문장을 과거진행형으로 바꿔 쓰세요. (단, 밑줄 친 단어에 유의할 것)

**1** They <u>caught</u> fish.

> They were catching fish.

**2** He <u>laughed</u> loudly.

**3** Many people <u>stood</u>.

**4** The cows <u>ate</u> grass.

**5** The farmer <u>picked</u> oranges.

 **A** 다음 우리말과 같은 뜻이 되도록 주어진 단어를 배열하세요.

**Voca**

try one's best
~의 최선을 다하다
get
~해지다
dark
어두운

**1** 너는 연을 날리고 있었다. (were, flying, you, a kite)

  You were flying a kite.

**2** 그는 최선을 다하고 있었다. (his best, trying, he, was)

**3** 그들은 음악을 연주하고 있었다. (playing, were, they, music)

**4** 어두워지고 있었다. (it, getting, was, dark)

**5** 우리는 즐거운 시간을 보내고 있었다. (were, we, having, a good time)

 **B** 다음 주어진 조건에 따라 우리말에 맞게 영작하세요.

**조건** 1. 과거진행형으로 쓸 것
2. 괄호에 주어진 단어를 활용할 것

**1** 나비 한 마리가 꽃 위에 앉아 있었다. (a butterfly, sit)

  A butterfly was sitting                    on the flower.

**Voca**

kick
발로 차다
cross
건너다
street
길, 도로

**2** Gary는 공을 차고 있었다. (kick, a ball)

**3** 그녀는 창문을 닦고 있었다. (clean, the window)

**4** 우리는 길을 건너고 있었다. (cross, the street)

**A** Were you taking a nap then? 너는 그때 낮잠을 자고 있었니?

**B** No. I was not sleeping. 아니. 나는 잠을 자고 있지 않았어.
I was just thinking. 나는 그냥 생각을 하고 있었어.

## 1 과거진행형 부정문

| 주어 | be동사의 과거형 + not + -ing | | |
|---|---|---|---|
| I / he / she / it | was | not | + V-ing |
| we / you / they | were | | |

I was not [wasn't] studying. 나는 공부를 하고 있지 않았다.

He was not [wasn't] reading a book. 그는 책을 읽고 있지 않았다.

We were not [weren't] playing a game then. 우리는 그때 게임을 하고 있지 않았다.

## 2 과거진행형 의문문

| be동사의 과거형 + 주어 + -ing ~? | | | 긍정의 대답 | 부정의 대답 |
|---|---|---|---|---|
| Was | I / he / she / it | V-ing ~? | Yes, 주어 + was/were. | No, 주어 + was / were + not. |
| Were | we / you / they | | | |

**A** Was she making breakfast? 그녀는 아침을 만들고 있었니?

**B** Yes, she was. / No, she wasn't. 응. 만들고 있었어. / 아니. 만들고 있지 않았어.

**A** Were they working hard then? 그들은 그때 열심히 일하고 있었니?

**B** Yes, they were. / No, they weren't. 응. 하고 있었어. / 아니. 하지 있지 않았어.

정답 및 해설 p.26

Check-up

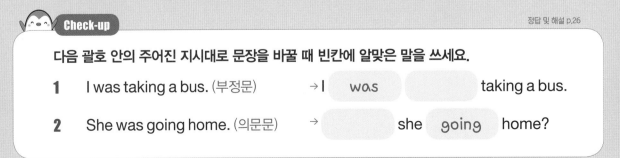

다음 괄호 안의 주어진 지시대로 문장을 바꿀 때 빈칸에 알맞은 말을 쓰세요.

**1** I was taking a bus. (부정문) → I  was _____ taking a bus.

**2** She was going home. (의문문) → _____ she going home?

**STEP 1**

**A** 다음 우리말과 같은 뜻이 되도록 주어진 단어를 이용하여 문장을 완성하세요.

**Voca**
....................
diary
일기장
boat
보트, 배
chef
요리사

**1** 우리는 저녁을 먹고 있지 않았다. (eat)

We ___were___ ___not___ ___eating___ dinner.

**2** 너는 양말을 신고 있지 않았다. (wear)

You _____ socks.

**3** Jane은 일기를 쓰고 있지 않았다. (write)

Jane _____ in her diary.

**4** 그들은 보트를 타고 있지 않았다. (ride)

They _____ a boat.

**5** 그 요리사는 요리를 하고 있지 않았다. (cook)

The chef _____ .

**B** 다음 주어진 단어를 이용하여 대화를 완성하세요.

**Voca**
....................
donut
도넛
laundry
빨래

**1** A ___Were___ ___you___ ___buying___ donuts? (buy)

B No, I wasn't.

**2** A _____ William _____ the laundry? (do)

B Yes, he was.

**3** A _____ they _____ the grass? (cut)

B Yes, they were.

**4** A _____ he _____ safely? (drive)

B No, he _____ .

## STEP 2

**Voca**

take a
shower
샤워를 하다
dry
말리다; 건조한
swing
그네

**A** 다음 문장을 부정문과 의문문으로 바꿀 때 빈칸에 알맞은 말을 쓰세요.

**1** You were taking a shower.

(1) 부정문 → _____ a shower.

(2) 의문문 → _____ a shower?

**2** She was drying her hair.

(1) 부정문 → _____ her hair.

(2) 의문문 → _____ her hair?

**3** They were playing on a swing.

(1) 부정문 → _____ on a swing.

(2) 의문문 → _____ on a swing?

**Voca**

out
밖으로
seed
씨앗

**B** 다음 우리말에 맞게 밑줄 친 부분을 고쳐 문장을 다시 쓰세요.

**1** <u>Ellen was</u> going out? Ellen은 나가고 있었니?

    Was Ellen going out?

**2** The water <u>not was</u> boiling. 물은 끓고 있지 않았다.

    _____

**3** We weren't <u>meet</u> Wendy then. 우리는 그때 Wendy를 만나고 있지 않았다.

    _____

**4** <u>Did</u> they planting seeds? 그들은 씨앗을 심고 있었니?

    _____

**5** Was she <u>talked</u> on the phone? 그녀는 전화 통화를 하고 있었니?

    _____

 **A** 다음 우리말과 같은 뜻이 되도록 주어진 단어를 배열하세요.

**Voca**
................
set the table
상을 차리다
hockey
하키
solve
(문제를) 풀다,
해결하다
Korean
한국어, 한국인;
한국의

**1** 그는 상을 차리고 있었니? (he, setting, was, the table)

   Was he setting the table?

**2** 나는 너를 따라가고 있지 않았다. (following, not, you, I, was)

**3** 그들은 하키를 하고 있지 않았다. (hockey, playing, they, not, were)

**4** 그 학생들은 그 문제를 풀고 있었니? (solving, were, the problem, the students)

**5** 그 사람들은 한국어를 쓰고 있지 않았다. (Korean, were, speaking, not, the people)

 **B** 다음 주어진 조건에 따라 우리말에 맞게 영작하세요.

**조건**   1. 과거진행형으로 쓸 것
       2. 단수, 복수 주어에 유의하여 쓸 것

**Voca**
................
yoga
요가
gift
선물

**1** 나는 그때 운동을 하고 있지 않았다. (exercise)

   I was not exercising           at that time.

**2** 우리는 그때 요가를 배우고 있지 않았다. (learn, yoga)

                         then.

**3** Vicky는 그에게 선물을 보내고 있었니? (send, a gift)

                         to him?

**4** 너는 그때 집에 오고 있었니? (come, home)

                         at that time?

# UNIT 05 미래시제

I am going to **have** a party tomorrow. 나 내일 파티를 할 거야.

Will you **come**? 너 올래?

✓ 미래시제는 주로 soon, tomorrow, next ~, in the future와 같은 말과 함께 써요.

## 1 will 「will+동사원형」의 형태로 쓰고, 부정형 will not은 won't로 줄여 쓸 수 있어요.

| 평서문 | 주어+will+동사원형 | ~할 것이다, ~하겠다 |
|---|---|---|
| 부정문 | 주어+will not[won't]+동사원형 | ~하지 않을 것이다 |
| 의문문 | Will+주어+동사원형 ~?<br>- 긍정의 대답: Yes, 주어 **will**.<br>- 부정의 대답: No, 주어 **will not[won't]**. | ~할 거니?, ~해 주겠니? |

I will **be** back soon. 나는 곧 돌아올 것이다.

It will not[won't] **rain** tonight. 오늘 밤은 비가 오지 않을 것이다.

A Will she **buy** the computer? 그녀가 그 컴퓨터를 살까?

B Yes, she **will**. / No, she **won't**. 응, 살 거야. / 아니, 사지 않을 거야.

 「대명사+will」은 「대명사'll」의 형태로 줄여 쓸 수 있어요.
I'll be back soon. 곧 돌아올게.　　　She'll help me. 그녀가 나를 도와줄 것이다.
They'll visit us tomorrow. 그들이 내일 우리를 방문할 것이다.

## 2 be going to

| 평서문 | 주어+be동사+going to+동사원형 | ~할 것이다, ~할 예정이다 |
|---|---|---|
| 부정문 | 주어+be동사+not+going to+동사원형 | ~하지 않을 것이다 |
| 의문문 | Be동사+주어+going to+동사원형 ~?<br>- 긍정의 대답: Yes, 주어+**be동사**.<br>- 부정의 대답: No, 주어+**be동사**+**not**. | ~할 거니? |

They are going to **watch** a movie. 그들은 영화를 볼 것이다.

I'm not going to **meet** him today. 나는 오늘 그를 만나지 않을 것이다.

A Is he going to **move** to Seoul? 그는 서울로 이사할 예정이니?

B Yes, he **is**. / No, he **isn't**. 응, 이사할 거야. / 아니, 이사하지 않을 거야.

 **A**  다음 중 알맞은 것을 고르세요.

**Voca**

today
오늘
join
참가하다, 가입하다
soon
곧
camping
캠핑, 야영

**1** It
~~will be~~
~~are going to be~~
hot today.

**2** They
~~will arrive~~
~~will arriving~~
at five.

**3** I
~~going to join~~
~~am going to join~~
the book club.

**4** He
~~will finishes~~
~~is going to finish~~
the work soon.

**5** We
~~be going to go~~
~~are going to go~~
camping.

 **B**  다음 우리말과 같은 뜻이 되도록 주어진 단어를 이용하여 문장을 완성하세요.

**Voca**

take a test
시험을 보다
pay
지불하다
England
영국

**1** 나는 집에 머물 것이다. (be going to, stay)

I  *am going to stay*  home.

**2** 저녁이 곧 준비될 것이다. (will, be)

Dinner _____ ready soon.

**3** 우리는 내일 시험을 볼 것이다. (will, take)

We _____ a test tomorrow.

**4** 그가 저녁 식사 값을 지불할 것이다. (will, pay)

He _____ for dinner.

**5** 우리는 영국으로 여행을 갈 것이다. (be going to, travel)

We _____ to England.

**Voca**
.............
outside
밖에서
spaghetti
스파게티
marry
결혼하다

**A** 다음 문장을 부정문과 의문문으로 바꿔 쓸 때 빈칸에 알맞은 말을 쓰세요.

**1** They will play outside.

(1) 부정문 → They will not [won't] play outside.

(2) 의문문 → Will they play outside?

**2** She will make spaghetti.

(1) 부정문 →

(2) 의문문 →

**3** They are going to marry soon.

(1) 부정문 → soon.

(2) 의문문 → soon?

**Voca**
.............
turn off
~을 끄다
begin
시작하다

**B** 다음 밑줄 친 부분을 알맞게 고쳐 문장을 다시 쓰세요.

**1** I will be not late again. 나는 다시는 늦지 않을 것이다.

I will not be late again.

**2** We are go to miss you. 우리는 네가 그리울 것이다.

**3** He is going to not tell the secret. 그는 그 비밀을 말하지 않을 것이다.

**4** Will you turning off the TV? TV를 꺼주겠니?

**5** Is the movie going to begins at three? 그 영화는 3시에 시작하니?

STEP 3

**A** 다음 우리말과 같은 뜻이 되도록 주어진 단어를 배열하세요.

**Voca**
give up
포기하다
forgive
용서하다

**1** 그녀는 포기하지 않을 것이다. (will, give up, she, not)

   She will not give up.

**2** 나는 오늘 외출하지 않을 것이다. (not, I, going to, am, go out)

   _____ today.

**3** 그들이 나를 용서할까요? (forgive, will, me, they)

**4** 우리가 경기에서 이길 것이다. (are, win, going to, the game, we)

**5** 그들은 점심을 같이 먹을 거니? (going to, are, they, have, lunch)

   _____ together?

**B** 다음 주어진 조건에 따라 우리말에 맞게 영작하세요.

**조건**  1. 주어진 단어를 이용할 것
2. 부정문일 경우, 축약형을 사용할 것

**1** 그 시험은 어려울 것이다. (will, the test, be difficult)

   The test will be difficult.

**Voca**
difficult
어려운
answer
답하다
abroad
해외로, 해외에
horror movie
공포영화

**2** 전화 좀 받아줄래? (will, answer the phone)

**3** Ben은 외국에서 공부할 것이다. (be going to, study abroad)

**4** 그녀는 공포 영화를 보지 않을 것이다. (will, watch a horror movie)

[1-2] 다음 주어진 단어를 이용하여 현재진행형 문장을 완성하세요.

**1** The train _____ now. (leave)

**2** They _____ along the river. (run)

**HINT**

「단모음+단자음」으로 끝나는 동사는 -ing 형을 만들때 마지 막 자음을 한번더 써요.

[3-4] 다음 주어진 단어를 이용하여 과거진행형 문장을 완성하세요.

**3** I _____ a ribbon. (tie)

**4** We _____ a song. (sing)

[5-8] 다음 우리말과 일치하도록 주어진 단어를 이용하여 문장을 완성하세요.

**5** 나는 지금 음악을 듣고 있다. (listen)

→ I _____ _____ to music now.

**6** 그들은 그때 야구를 하고 있지 않았다. (play)

→ They _____ _____ _____ baseball then.

**7** 우리는 오늘 밤 외식할 것이다. (eat out)

→ We _____ _____ _____ tonight.

**8** Patrick은 곧 이사할 예정이다. (move)

→ Patrick _____ _____ _____ _____ soon.

**[9-10]** 다음 대화에 알맞은 대답을 쓰세요.

9

A  Will she go to the museum?

B  _____ , _____ _____ . She will go to the art gallery.

10

A  Are you going to meet Luke?

B  _____ , _____ _____ . I will meet him tomorrow.

**[11-13]** 다음 주어진 동사를 이용하여 대화를 완성하세요.

11

A  _____ you _____ a report at that time? (write)

B  No, I wasn't. I _____ _____ my e-mail. (check)

12

A  _____ he _____ the onions now? (cut)

B  Yes, he is. He _____ _____ chicken soup. (make)

13

A  _____ it _____ tomorrow? (snow)

B  No, it won't. It _____ _____ warm tomorrow. (be)

**HINT**

tomorrow(내일)는 미래를 나타내는 말이므로 어울리는 조동사 will을 쓰면 돼요.

**[14-15]** 다음 밑줄 친 부분 중, 어법상 어색한 것을 찾아 바르게 고쳐 문장을 다시 쓰세요.

14  <u>Do they going to take</u> the subway tomorrow?

→ _____

15  The baby <u>is sleeping not</u> now.

→ _____

**[16-18]** 다음 각 문장을 주어진 괄호 안의 지시대로 바꿔 쓰세요.

**HINT**

진행형을 의문문으로 바꿀 때 주어와 be동 사의 위치를 서로 바꾸면 돼요.

**16**  He is drinking a cup of coffee. (의문문)

→ _____

**17**  I will clean the floor. (부정문)

→ _____

**18**  They were looking at a map. (의문문)

→ _____

**[19-20]** 다음 대화를 읽고, <u>어색한</u> 부분을 모두 찾아 바르게 고치세요.

> **A**  Are you busy now?
>
> **B**  Yes, I am. **19** <u>I am pack my clothes.</u>
>
> **A**  Are you going to go somewhere?
>
> **B**  Yes. **20** <u>I be going to go on a trip to Seattle.</u>

**19** _____ → _____

**20** _____ → _____

# 공감 영문법+쓰기

부각을 키워주는

## 통문장 암기훈련 워크북

WORKBOOK

UNIT **01** 셀 수 있는 명사

정답 및 해설 p.30

 다음 주어진 말을 이용하여 조건에 맞춰 우리말을 영어로 옮기세요.

> **조건** 1. 셀 수 있는 명사의 복수형에 유의하여 쓸 것
> 2. 괄호에 주어진 단어를 활용할 것

**1** 나는 두 개의 숟가락이 필요하다. (need, spoon)

→ _____

**2** 그들은 다섯 명의 아이가 있다. (have, child)

→ _____

**3** 내 꿈의 직업은 작가이다. (dream job, writer)

→ _____

**4** 그 선반들은 비어 있다. (shelf, empty)

→ _____

**5** 그 요리사는 두 개의 칼을 사용한다. (cook, use, knife)

→ _____

**6** 많은 물고기들이 그 호수에 산다. (many, fish, live, lake)

→ _____

**7** 코알라들은 나뭇잎을 먹는다. (koala, leaf)

→ _____

**8** 우리는 계란 하나와 세 개의 토마토가 필요하다. (we, need, and, three)

→ _____

# UNIT 02 셀 수 없는 명사

정답 및 해설 p.30

 다음 주어진 말을 이용하여 조건에 맞춰 우리말을 영어로 옮기세요.

> **조건**
> 1. 셀 수 없는 명사의 특성에 유의하여 쓸 것
> 2. 괄호에 주어진 단어를 활용할 것

**1** 우리는 매일 우유를 마신다. (drink, milk, every day)

→ _____

**2** 시간은 돈이다. (time, money)

→ _____

**3** 빵은 내가 가장 좋아하는 음식이다. (bread, favorite, food)

→ _____

**4** Lisa는 시애틀 출신이다. (comes, Seattle)

→ _____

**5** 나는 피자 세 조각을 먹는다. (eat, slice, pizza)

→ _____

**6** 두 봉지의 밀가루는 5달러이다. (bag, flour, dollar)

→ _____

**7** Rachel은 한 켤레의 신발을 원한다. (want, pair, shoe)

→ _____

**8** 엄마는 매주 두 병의 우유를 산다. (Mom, buys, bottle, of milk)

→ _____

# UNIT **03** 인칭대명사

정답 및 해설 p.30

다음 주어진 말을 이용하여 조건에 맞춰 우리말을 영어로 옮기세요.

**조건**
1. 알맞은 인칭대명사를 사용해서 쓸 것
2. 괄호에 주어진 단어를 활용할 것

**1** 그들은 아이스크림을 좋아한다. (like, ice cream)

→ _____

**2** 그것은 그녀의 책이다. (it, book)

→ _____

**3** 우리는 그를 저녁에 초대한다. (invite, for dinner)

→ _____

**4** 그 운동화는 그녀의 것이다. (the sneakers)

→ _____

**5** 우리 학교는 오랜 역사를 가지고 있다. (school, have, long, history)

→ _____

**6** 나는 그것의 모양이 마음에 들지 않는다. (don't like, shape)

→ _____

**7** 그 축구공은 내 것이다. (the soccer ball)

→ _____

**8** 너는 너의 아빠를 닮았다. (look like)

→ _____

# UNIT 04 지시대명사

정답 및 해설 p.30

다음 주어진 말을 이용하여 조건에 맞춰 우리말을 영어로 옮기세요.

**조건**
1. this, that, these, those를 사용할 것
2. 단수, 복수에 유의할 것

**1**  이것이 내 새 자전거이다. (new bike)

→ _____

**2**  이것들은 내 사진들이다. (picture)

→ _____

**3**  저 사람은 유명한 배우이다. (a famous actor)

→ _____

**4**  저것들은 장난감 로봇들이다. (toy robot)

→ _____

**5**  나는 이 스웨터가 마음에 들어. (love, sweater)

→ _____

**6**  이 꽃들은 향기롭다. (flower, sweet)

→ _____

**7**  저 여인은 우리 이웃이다. (woman, neighbor)

→ _____

**8**  저 바지들은 크다. (pants, big)

→ _____

정답 및 해설 p.31

 다음 주어진 말을 이용하여 조건에 맞춰 우리말을 영어로 옮기세요.

**조건**
1. be동사의 현재형으로 쓸 것
2. 축약형을 사용하지 말 것

**1** 그는 나의 삼촌이다. (uncle)

→ _____

**2** 우리는 도서관에 있다. (in the library)

→ _____

**3** 그것은 새 재킷이다. (it, a new jacket)

→ _____

**4** 나는 졸리다. (sleepy)

→ _____

**5** 너희들은 용감한 소년들이다. (brave, boy)

→ _____

**6** 그들은 콘서트 홀에 있다. (at the concert hall)

→ _____

**7** 너와 Brian은 부지런하다. (diligent)

→ _____

**8** Jake와 나는 축구를 못한다. (be bad at, soccer)

→ _____

# UNIT 02 be동사의 부정문

정답 및 해설 p.31

다음 주어진 말을 이용하여 조건에 맞춰 우리말을 영어로 옮기세요.

**조건**
1. be동사의 현재형과 축약형을 사용할 것
2. 부정문의 형태에 유의할 것

**1** 나는 배가 고프지 않다. (hungry)

→ _____

**2** 너는 혼자가 아니다. (alone)

→ _____

**3** 우리는 집에 없다. (at home)

→ _____

**4** 그는 뚱뚱하지 않다. (fat)

→ _____

**5** 그들은 부자가 아니다. (rich)

→ _____

**6** 그 상점은 문을 열지 않는다. (the store, open)

→ _____

**7** 그것은 내 취향이 아니다. (it, style)

→ _____

**8** Jim은 수업에 늦지 않았다. (late for class)

→ _____

다음 주어진 말을 이용하여 조건에 맞춰 우리말을 영어로 옮기세요.

> **조건**  1. be동사의 현재형으로 쓸 것
> 2. 의문문의 형태에 유의할 것

**1** 너는 여기 학생이니? (student, here)

→ _____

**2** 그것은 나비인가요? (butterfly)

→ _____

**3** 그녀는 정원에 있나요? (garden)

→ _____

**4** 그들은 긴장했나요? (nervous)

→ _____

**5** 너희들은 쌍둥이니? (twins)

→ _____

**6** 그는 야구부이니? (in the baseball club)

→ _____

**7** 그것은 사실이니? (true)

→ _____

**8** 내가 너무 시끄럽니? (too loud)

→ _____

# Chapter 3

# UNIT 01 일반동사의 현재형 1

정답 및 해설 p.31

 다음 주어진 말을 이용하여 조건에 맞춰 우리말을 영어로 옮기세요.

> **조건**
> 1. 일반동사의 현재형을 사용할 것
> 2. 괄호에 주어진 단어를 활용할 것

**1** 나는 동물들을 좋아한다. (like, animals)

→ _____

**2** 우리는 수학과 과학을 공부한다. (study, math, science)

→ _____

**3** 그들은 중국어를 한다. (speak, Chinese)

→ _____

**4** 나는 조부모님과 함께 산다. (live with, grandparents)

→ _____

**5** 우리 오빠들은 만화책을 읽는다. (brothers, read, comic books)

→ _____

**6** 너는 그림을 잘 그린다. (draw, well)

→ _____

**7** 그들은 벤치에 앉는다. (sit, on the bench)

→ _____

**8** 그들은 자신들의 집을 청소한다. (clean, house)

→ _____

정답 및 해설 p.31

다음 주어진 말을 이용하여 조건에 맞춰 우리말을 영어로 옮기세요.

**조건**
1.일반동사 현재형을 사용할 것
2. 단수, 복수에 유의할 것

**1** Ted는 좋은 목소리를 가지고 있다. (have, a nice voice)

→ _____

**2** 곰은 꿀을 좋아한다. (a bear, like, honey)

→ _____

**3** 우리 학교는 3시에 끝난다. (school, finish, at)

→ _____

**4** 그녀는 항상 미소를 짓는다. (smile, all the time)

→ _____

**5** 그 가게는 책을 판다. (the store, sell, book)

→ _____

**6** 그것은 아주 빨리 자란다. (it, grow, fast)

→ _____

**7** 그녀는 자신의 친구들을 그리워한다. (miss, friend)

→ _____

**8** 그는 자정까지 공부한다. (study, until)

→ _____

# UNIT 03 일반동사의 부정문

다음 주어진 말을 이용하여 조건에 맞춰 우리말을 영어로 옮기세요.

**조건**
1. 괄호에 주어진 단어를 활용할 것
2. 부정문의 축약형을 사용할 것

**1** 나는 그녀를 모른다. (know)

→ _____

**2** 그는 우유를 마시지 않는다. (drink, milk)

→ _____

**3** 우리는 이 근처에 살지 않는다. (live, near, here)

→ _____

**4** 내 전화기가 작동하지 않는다. (phone, work)

→ _____

**5** 그녀는 요리를 잘하지 못한다. (cook, well)

→ _____

**6** 나는 새 코트를 원하지 않는다. (want, a new coat)

→ _____

**7** 그 수업은 9시에 시작하지 않는다. (the class, start)

→ _____

**8** 그들은 오늘 저녁에 계획이 없다. (have, this evening)

→ _____

# UNIT 04 일반동사의 의문문

다음 주어진 말을 이용하여 조건에 맞춰 우리말을 영어로 옮기세요.

**조건**
1. 일반동사 의문문을 만들 것
2. 괄호에 주어진 단어를 활용할 것

**1** 너는 애완동물이 있니? (have, a pet)

→ _____

**2** 그는 수학을 가르치니? (teach, math)

→ _____

**3** 그들은 스케이트를 잘 타니? (skate, well)

) _____

**4** 너는 도서관에서 공부를 하니? (study, at the library)

→ _____

**5** Julie는 나를 기억하니? (remember, me)

→ _____

**6** 오늘 우리 수학 수업이 있니? (have, math class)

→ _____

**7** 당신은 제 여권이 필요한가요? (need, my passport)

→ _____

**8** 그는 7시에 일을 마치니? (finish, work)

→ _____

다음 주어진 말을 이용하여 조건에 맞춰 우리말을 영어로 옮기세요.

> **조건**    1. be동사의 과거형을 사용할 것
> 2. 괄호에 주어진 단어를 활용할 것

**1**   나는 그때 내 방에 있었다. (room, then)

→ _____

**2**   그 시험은 쉬웠다. (the test, easy)

→ _____

**3**   그들은 어제 바빴다. (busy, yesterday)

→ _____

**4**   그녀는 어젯밤 혼자 있었다. (alone, last night)

→ _____

**5**   우리는 한 시간 전에 배가 고팠다. (hungry, an hour ago)

→ _____

**6**   그들은 지난주에 휴가 중이었다. (on holiday, last week)

→ _____

**7**   그는 작년에 내 이웃이었다. (neighbor, last year)

→ _____

**8**   그것은 Jamie에게서 온 편지였다. (a letter)

→ _____

정답 및 해설 p.32

다음 주어진 말을 이용하여 조건에 맞춰 우리말을 영어로 옮기세요.

**조건**
1. be동사의 과거형을 사용할 것
2. 축약 가능한 경우, 축약형으로 쓸 것

**1** 나는 학교에 늦지 않았다. (late for)

→ _____

**2** 그것은 너의 잘못이 아니었다. (your fault)

→ _____

**3** Amy와 나는 같은 반이 아니었다. (same class)

→ _____

**4** 컵케이크는 맛있지 않았다. (the cupcakes, delicious)

→ _____

**5** 어젯밤에 비가 내렸니? (rainy, last night)

→ _____

**6** 콘서트는 훌륭했니? (the concert, great)

→ _____

**7** 너는 어제 아팠니? (sick, yesterday)

→ _____

**8** 그들은 병원에 있었니? (hospital)

→ _____

# UNIT 03 일반동사 과거형 1(규칙 변화)

정답 및 해설 p.32

다음 주어진 말을 이용하여 조건에 맞춰 우리말을 영어로 옮기세요.

> **조건**  1. 일반동사의 과거형을 사용해서 쓸 것
> 2. 괄호에 주어진 단어를 활용할 것

**1** 나는 포크를 떨어뜨렸다. (drop, a fork)

→ _____

**2** 우리는 어제 집에서 공부했다. (study, at home)

→ _____

**3** 그 경기는 조금 전에 시작했다. (the game, start, a few minutes ago)

→ _____

**4** 눈은 오늘 아침에 그쳤다. (the snow, stop)

→ _____

**5** 우리 가족은 여행을 계획했다. (family, plan, a trip)

→ _____

**6** 그 웨이터가 음식을 가지고 왔다. (the waiter, carry, the food)

→ _____

**7** 그가 한 시간 전에 너에게 전화했다. (call, an hour ago)

→ _____

**8** 나는 어제 체육관에서 운동을 했다. (exercise, at the gym)

→ _____

다음 주어진 말을 이용하여 조건에 맞춰 우리말을 영어로 옮기세요.

> **조건**
> 1. 일반동사의 과거형을 사용할 것
> 2. 괄호에 주어진 단어를 활용할 것

**1** 나는 케이크를 네 조각으로 잘랐다. (cut, cake, in four pieces)

→ _____

**2** 경찰이 도둑을 잡았다. (the police, catch, the thief)

→ _____

**3** 우리가 지난 경기에서 이겼다. (win, the last game)

→ _____

**4** 우리는 어제 서커스를 보았다. (see, a circus)

→ _____

**5** 그 기차는 10분 전에 떠났다. (the train, leave, ten minutes ago)

→ _____

**6** 그는 저녁으로 피자를 먹었다. (eat, for dinner)

→ _____

**7** 그녀는 작년에 이 책을 읽었다. (read, this book, last year)

→ _____

**8** Amy는 나의 비밀을 지켰다. (keep, secret)

→ _____

# UNIT 05 일반동사 과거형 3(부정문과 의문문)

정답 및 해설 p.32

다음 주어진 말을 이용하여 조건에 맞춰 우리말을 영어로 옮기세요.

**조건**
1. 과거시제로 쓸 것
2. 부정문일 경우, 축약형을 사용할 것

**1** 그녀는 나를 기다리지 않았다. (wait for)

→ _____

**2** 우리는 학교에 가지 않았다. (go to school)

→ _____

**3** 엄마는 나를 깨우지 않았다. (wake me up)

→ _____

**4** 그는 나와 동의하지 않았다. (agree with)

→ _____

**5** 그들이 그 소식을 들었니? (hear the news)

→ _____

**6** Kate가 시험에 통과했니? (pass the test)

→ _____

**7** 너는 문을 잠갔니? (lock the door)

→ _____

**8** 너는 도시락을 가지고 왔니? (bring)

→ _____

다음 주어진 말을 이용하여 조건에 맞춰 우리말을 영어로 옮기세요.

조건
1. 현재진행형으로 쓸 것
2. 축약형을 사용하지 말 것

**1** 나는 강아지를 그리고 있다. (draw, a puppy)

→ _____

**2** 그는 지금 자전거를 타고 있다. (ride a bicycle)

→ _____

**3** 그들은 집에 페인트를 칠하고 있다. (paint, house)

→ _____

**4** 나는 편지를 쓰고 있다. (write a letter)

→ _____

**5** 그는 감자들을 자르고 있다. (cut, potato)

→ _____

**6** 우리는 지금 영화를 보고 있다. (watch a movie)

→ _____

**7** 그 기차는 지금 떠나고 있다. (train, leave)

→ _____

**8** 아빠가 그 컴퓨터를 수리하고 있다. (my dad, fix)

→ _____

# UNIT 02 현재진행형 2(부정문과 의문문)

정답 및 해설 p.33

다음 주어진 말을 이용하여 조건에 맞춰 우리말을 영어로 옮기세요.

> **조건**
> 1. 현재진행형으로 쓸 것
> 2. 축약형을 사용하지 말 것

**1** 너에게 말하고 있는 것이 아니다. (talk, to)

→ _____

**2** 그는 신문을 읽고 있지 않다. (read, a newspaper)

→ _____

**3** 우리는 캐치볼을 하고 있지 않다. (play, catch)

→ _____

**4** 그들은 숙제를 하고 있지 않다. (do, one's homework)

→ _____

**5** 그는 잠을 자고 있니? (sleep)

→ _____

**6** Kate는 바이올린을 연습하고 있니? (practice, the violin)

→ _____

**7** 그 남자들은 가구를 옮기고 있니? (the men, move, the furniture)

→ _____

**8** 그들은 중국을 여행 중이니? (travel)

→ _____

정답 및 해설 p.33

💬 다음 주어진 말을 이용하여 조건에 맞춰 우리말을 영어로 옮기세요.

**조건**  1. 과거진행형으로 쓸 것
         2. 괄호에 주어진 단어를 활용할 것

**1** Jane은 공원에서 뛰고 있었다. (run, in the park)

→ _____

**2** 그는 밖에서 기다리고 있었다. (wait, outside)

→ _____

**3** 나는 메시지를 보내고 있었다. (send, a message)

→ _____

**4** 강물이 천천히 흐르고 있었다. (the river, flow, slowly)

→ _____

**5** 학생들은 시험을 보고 있었다. (take, a test)

→ _____

**6** 너는 연을 날리고 있었다. (fly, a kite)

→ _____

**7** 그들은 음악을 연주하고 있었다. (play, music)

→ _____

**8** 우리는 길을 건너고 있었다. (cross)

→ _____

# UNIT 04 과거진행형 2(부정문과 의문문)

정답 및 해설 p.33

 다음 주어진 말을 이용하여 조건에 맞춰 우리말을 영어로 옮기세요.

> **조건**　1. 과거진행형으로 쓸 것
> 　　　　2. 축약형을 사용하지 말 것

**1**　우리는 저녁을 먹고 있지 않았다. (eat, dinner)

→ _____

**2**　너는 양말을 신고 있지 않았다. (wear, socks)

→ _____

**3**　나는 그때 운동을 하고 있지 않았다. (exercise, at that time)

→ _____

**4**　그녀는 한국어를 쓰고 있지 않았다. (speak, Korean)

→ _____

**5**　너는 도넛을 사고 있었니? (buy, donuts)

→ _____

**6**　William은 빨래를 하고 있었니? (do, the laundry)

→ _____

**7**　그들은 그때 집에 오고 있었니? (come, home, at that time)

→ _____

**8**　그는 상을 차리고 있었니? (set, the table)

→ _____

정답 및 해설 p.33

다음 주어진 말을 이용하여 조건에 맞춰 우리말을 영어로 옮기세요.

**조건**
1. 1~4번까지 will을 사용하고, 5~8번까지는 be going to를 사용할 것
2. 축약형을 사용하지 말 것

**1** 그들은 5시에 도착할 것이다. (arrive at)

→ _____

**2** 그녀는 포기하지 않을 것이다 (give up)

→ _____

**3** TV를 꺼주겠니? (turn off the TV)

→ _____

**4** 전화 좀 받아줄래? (answer)

→ _____

**5** 우리는 영국으로 여행을 갈 것이다. (travel to England)

→ _____

**6** 너는 경기에서 이길 것이다. (win the game)

→ _____

**7** 그는 서울로 이사할 예정이니? (move to Seoul)

→ _____

**8** Ben은 외국에서 공부하지 않을 것이다. (study abroad)

→ _____

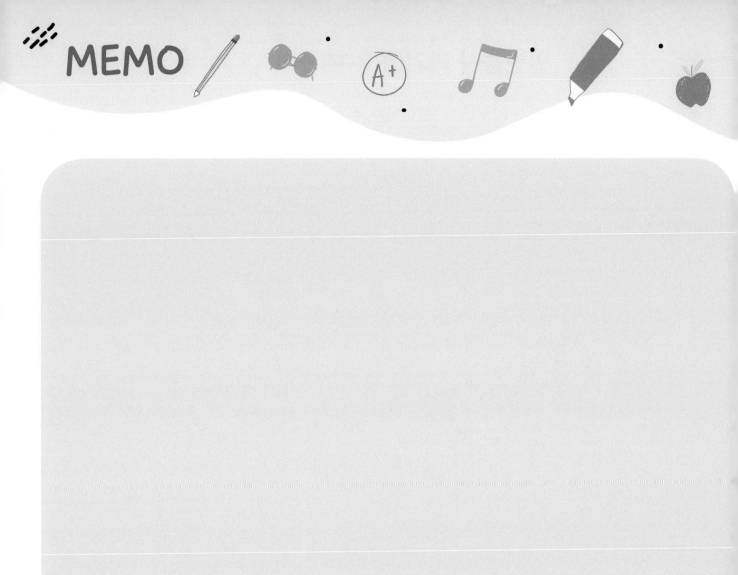

# MEMO

중학교 서술형을 대비하는 기적 같은 첫걸음

공<sub>부</sub>감<sub>각을</sub> 키워주는

통문장 암기 훈련 워크북 포함

영문법+쓰기 ① ②

이번 생에 영문법은 처음이라...

* 처음 영작문을 시작하는 기초 영문법+쓰기 입문서

* 두 권으로 끝내는 중등 내신 서술형 맛보기

* 간단하면서도 체계적으로 정리된 이해하기 쉬운 핵심 문법 설명

* 학교 내신 문제의 핵심을 정리한 Step-by-Step 영문법+쓰기

* 통문장 암기 훈련 워크북으로 스스로 훈련하며 영문법 완전 마스터

* 어휘 출제 마법사를 통한 어휘 리스트, 테스트 제공

 넥서스에듀가 제공하는 학습시스템

 통문장 암기 훈련 워크북   어휘 리스트 & 테스트지   동사형 변화표  Aa 모바일 단어장   VOCA TEST   챕터별 리뷰 테스트

 모바일 단어장 VOCA TEST

www.nexusEDU.kr | www.nexusbook.com

공부감각을 키워주는
영문법+쓰기 ① ②

넥서스영어교육연구소 지음 | 210×275 | 176쪽 (워크북, 정답 및 해설 포함) | 각 권 12,000원

# LEVEL CHART

| 초1 | 초2 | 초3 | 초4 | 초5 | 초6 | 중1 | 중2 | 중3 | 고1 | 고2 | 고3 |
|---|---|---|---|---|---|---|---|---|---|---|---|

## VOCA

| 초등필수 영단어 1-2 · 3-4 · 5-6학년용 |
| The VOCA + (플러스) 1~7 |
| THIS IS VOCABULARY 입문 · 초급 · 중급 |
| THIS IS VOCABULARY 고급 · 어원 · 수능 완성 · 뉴텝스 |

## Grammar

| 초등필수 영문법 + 쓰기 1~2 |
| OK Grammar 1~4 |
| This Is Grammar Starter 1~3 |
| This Is Grammar 초급~고급 (각 2권: 총 6권) |
| Grammar 공감 1~3 |
| Grammar 101 1~3 |
| Grammar Bridge 1~3 |
| 중학영문법 뽀개기 1~3 |
| The Grammar Starter, 1~3 |
| 구사일생 (구문독해 Basic) 1~2 |
| 구문독해 204 1~2 |
| 그래머 캡처 1~2 |
| [특급 단기 특강] 어법어휘 모의고사 |

# 공부감각을 키워주는
# 영문법+쓰기

중등 내신 서술형 맛보기 **1**

통문장
암기 훈련
워크북 포함

넥서스영어교육연구소 지음

## 정답 및 해설

넥서스에듀

# 공부감각을 키워주는
# 영문법+쓰기

## 정답 및 해설

## UNIT 01 셀 수 있는 명사                    p.015

### STEP 1 - A

| | | |
|---|---|---|
| 1  girl | 2  ducks | 3  buses |
| 4  potatoes | 5  lemon | 6  knives |
| 7  watch | 8  men | 9  umbrella |
| 10  feet | | |

◆ 해석

1  한 명의 소녀
2  세 마리의 오리(들)
3  네 대의 버스(들)
4  여섯 개의 감자(들)
5  하나의 레몬
6  세 자루의 칼(들)
7  하나의 시계
8  여섯 명의 남자(들)
9  하나의 우산
10  두 개의 발(들)

◆ 해설

1, 5, 7, 9  셀 수 있는 명사가 하나일 때 a/an을 붙이므로 단수형
2  대부분의 명사: +-s
3  -s로 끝나는 명사: +-es
4  「자음+o」로 끝나는 명사: +-es
6  -f(e)로 끝나는 명사: -f(e) → -ves
8, 10  불규칙 변화 명사

### STEP 1 - B

| | | |
|---|---|---|
| 1  birds | 2  apples | 3  cities |
| 4  roofs | 5  boxes | 6  sheep |
| 7  dishes | 8  wolves | 9  brushes |
| 10  monkeys | 11  parties | 12  benches |
| 13  foxes | 14  heroes | |

◆ 해석

1  새(들)
2  사과(들)
3  도시(들)
4  지붕(들)
5  상자(들)
6  양(들)
7  접시(들)
8  늑대(들)
9  붓(들)

10  원숭이(들)
11  파티(들)
12  벤치(들)
13  여우(들)
14  영웅(들)

◆ 해설

1, 2  대부분의 명사: +-s
3, 11  「자음+y」로 끝나는 명사: -y → -ies
4  roof는 -f로 끝나지만 예외적으로 -ves가 아닌 -s 추가
5, 7, 9, 12, 13  -(s)s, -ch, -sh, -x로 끝나는 명사: +-es
6  불규칙 변화 명사로 형태가 같음
8  -f(e)로 끝나는 명사: -f(e) → -ves
10  「모음+y」로 끝나는 명사: +-s
14  「자음+o」로 끝나는 명사: +-es

### STEP 2 - A

| | | |
|---|---|---|
| 1  spoons | 2  puppy | 3  children |
| 4  sandwiches | 5  orange | |

◆ 해설

1, 3, 4  앞에 둘 이상의 숫자가 있으므로 복수형이 되어야 함
2, 5  앞에 a/an이 있으므로 단수형이 되어야 함

### STEP 2 - B

1  China is a country in Asia.
2  A lizard has four feet.
3  Ten students study together.
4  My dream job is a writer.
5  The shelves are empty.

◆ 해설

1, 4  셀 수 있는 명사가 하나일 때는 a/an을 붙여야 함
2  foot은 불규칙 변화 명사로 복수형이 feet
3  앞에 ten이 있으므로 복수형: +-s
5  -f로 끝나는 명사: -f → -ves

### STEP 3 - A

1  They enjoy their hobbies.
2  Many fish live in the lake.
3  The baby has four teeth.
4  Chris writes stories about heroes.
5  The cook uses two knives.

◆ 해설

1  「자음+y」로 끝나는 명사: hobby → hobbies
2  형태가 같은 명사: fish → fish
3  형태가 바뀌는 명사: tooth → teeth

**4** 「자음+o」로 끝나는 명사: hero → heroes

**5** -f(e)로 끝나는 명사: knife → knives

**STEP 3 - B**

**1** The women sing and dance.

**2** Cats hunt mice.

**3** Koalas eat leaves.

**4** The children paint with brushes.

◈ 해설

**1~4** 명사가 둘 이상일 경우는 복수형으로 쓰고, 하나일 경우는 앞에 a/an을 붙여야 함

**1** woman → women

**2** cat → cats, mouse → mice

**3** koala → koalas, leaf → leaves

**4** child → children, brush → brushes

**UNIT 02 셀 수 없는 명사** p.019

**STEP 1 - A**

**1** Turkey　　　**2** milk　　　**3** sand

**4** hope　　　**5** water　　　**6** love

◈ 해설

**1** 고유명사: Turkey

**2, 3, 5** 물질명사: milk, sand, water

**4, 6** 추상명사: hope, love

**STEP 1 - B**

**1** cup　　　**2** pieces　　　**3** glasses

**4** slices　　　**5** loaves　　　**6** pair

**7** bottles　　　**8** bowls　　　**9** piece

**10** pounds

◈ 해설

**1** '잔(따뜻한 음료)'의 의미이고, 하나이므로 cup

**2** '조각'의 의미이고, 둘 이상이므로 pieces

**3** '잔(차가운 음료)'의 의미이고, 둘 이상이므로 glasses

**4** '장'의 의미이고, 둘 이상이므로 slices

**5** '덩어리'의 의미이고, 둘 이상이므로 loaves

**6** '켤레'의 의미이고, 하나이므로 pair

**7** '병'의 의미이고, 둘 이상이므로 bottles

**8** '그릇'의 의미이고, 둘 이상이므로 bowls

**9** '점(조각)'의 의미이고, 하나이므로 piece

**10** '파운드'의 의미이고, 둘 이상이므로 pounds

**STEP 2 - A**

**1** rain　　　**2** May

**3** three pieces of paper

**4** money　　　**5** bottles of juice

◈ 해설

**1** 셀 수 없는 명사는 복수형으로 쓸 수 없음

**2, 4** 셀 수 없는 명사는 앞에 a/an을 붙일 수 없음

**3** 셀 수 없는 명사는 계량 단위나 용기를 이용해 수를 나타냄

**5** 계량 단위 앞에 둘 이상의 숫자가 있으므로 복수형으로 써야 함

**STEP 2 - B**

**1** We don't have homework.

**2** I eat three slices of pizza.

**3** Jake stays in Sydney.

**4** Bread is my favorite food.

**5** Saturday is the sixth day of the week.

◈ 해설

**1, 4** 셀 수 없는 명사는 복수형으로 쓸 수 없음

**2** 계량 단위 앞에 둘 이상의 숫자가 있으므로 복수형으로 써야 함

**3, 5** 셀 수 없는 명사는 앞에 a/an를 붙일 수 없음

**STEP 3 - A**

**1** Two bags of flour are five dollars.

**2** They pray for peace.

**3** Rachel wants a pair of shoes.

**4** He drinks two glasses of juice.

**5** A lot of people look for happiness.

◈ 해설

**1, 3, 4** 물질명사는 '수+용기/단위'가 앞에 나와 수식

**2, 5** 셀 수 없는 명사는 a/an을 붙이거나 복수형으로 쓸 수 없음

**STEP 3 - B**

**1** Three loaves of bread are in the oven.

**2** Mom buys two bottles of milk

**3** I have good news

**4** He drinks three cups of tea

◈ 해설

**1, 2, 4** 물질명사는 '수+용기/단위'가 앞에 나와 수식

**3** 셀 수 없는 명사는 a/an을 붙이거나 복수형으로 쓸 수 없음

### STEP 1 - A

| | | | | | |
|---|---|---|---|---|---|
| **1** | It | **2** | She | **3** | They |
| **4** | You | **5** | We | | |

◈ 해설

**1** The car(사물)의 주격은 It

**2** Jessica(여자 이름)의 주격은 She

**3** My brothers처럼 3인칭이고 두 명 이상의 주격은 They

**4** You and Peter처럼 2인칭 복수주어의 주격은 You

**5** Ron and I처럼 1인칭 복수주어의 주격은 We

### STEP 1 - B

| | | | | | |
|---|---|---|---|---|---|
| **1** | It, her | **2** | She, his | **3** | We, him |
| **4** | I, my | **5** | He, you | **6** | They, their |

◈ 해설

**1** 주격+동사+소유격+명사

**2** 주격+동사+소유격+명사

**3** 주격+동사+목적격

**4** 주격+동사+소유격+명사

**5** 주격+동사+전치사+목적격

**6** 주격+동사+소유격+명사

### STEP 2 - A

| | | | | | |
|---|---|---|---|---|---|
| **1** | you | **2** | your | **3** | hers |
| **4** | its | **5** | Our | **6** | his |
| **7** | me | | | | |

◈ 해설

**1** 동사 뒤 목적어 자리로 목적격 you를 씀

**2** 뒤에 명사가 있으므로 소유격 your로 바뀜

**3** '그녀의 것'이라는 의미가 되어야 하므로 소유대명사 hers로 바뀜

**4** 뒤에 명사가 있으므로 소유격 its로 바뀜

**5** 뒤에 명사가 있으므로 소유격 Our로 바뀜

**6** 뒤에 명사가 있으므로 소유격 his로 바뀜

**7** 전치사 뒤이므로 목적격 me로 바뀜

### STEP 2 - B

**1** She is tall and slim.

**2** I don't like its shape.

**3** Mr. Brown teaches English to us.

**4** Carl visits him often.

**5** My hair is red and theirs is brown.

◈ 해설

**1** 주어 자리로 주격 She가 되어야 함

**2** 뒤에 명사가 있으므로 소유격 its가 되어야 함

**3** 전치사 뒤로 목적격 us가 되어야 함

**4** 동사 뒤 목적어 자리로 목적격 him이 되어야 함

**5** '소유격+명사'(그들의 것)이 되어야 하므로 소유대명사 theirs

### STEP 3 - A

**1** The soccer ball is mine.

**2** This is for you.

**3** They are his glasses.

**4** My house is far from yours.

**5** He trusts her.

◈ 해설

**1** '주어+동사+소유대명사'의 어순으로 배열

**2** '주어+동사+전치사+목적어'의 어순으로 배열

**3** '주어+동사+소유격+명사'의 어순으로 배열

**4** '주어(소유격+명사)+동사+보어+전치사+소유대명사'의 어순으로 배열

**5** '주어+동사+목적어'의 어순으로 배열

### STEP 3 - B

**1** My hometown is Chicago.

**2** You look like your dad.

**3** She doesn't talk to us.

**4** I meet her

◈ 해설

**1** '소유격(my)+명사+동사+보어'의 어순으로 문장 완성

**2** '주격(you)+동사+소유격(your)+명사'의 어순으로 문장 완성

**3** '주격(she)+동사+전치사+목적격(us)'의 어순으로 문장 완성

**4** '주격(I)+동사+목적격(her)'의 어순으로 문장 완성

## Check-up

**1** This  **2** That
**3** These  **4** Those

◈ 해설

**1** this: 이것, 이 사람
**2** that: 저것, 저 사람
**3** these: 이것들, 이 사람들
**4** those: 저것들, 저 사람들

## STEP 1 - A

**1** This  **2** That  **3** These
**4** Those  **5** That  **6** These
**7** This

◈ 해설

**1** 이 사람: this
**2** 저것: that
**3** 이것들: these
**4** 저것들: those
**5** 저분: that
**6** 이것들: these
**7** 이것: this

## STEP 1 - B

**1** These  **2** Those
**3** That  **4** This

◈ 해설

**1** 가까이에 있는 대상이고 복수: these
**2** 멀리 있는 대상이고 복수: those
**3** 멀리 있는 대상이고 단수: that
**4** 가까이에 있는 대상이고 단수: this

## STEP 2 - A

**1** This  **2** That  **3** Those
**4** These  **5** Those

◈ 해설

**1** this(지시대명사)+단수동사
**2** that(지시대명사)+단수동사
**3** those(지시형용사)+복수명사+복수동사
**4** these(지시형용사)+복수명사+복수동사
**5** those(지시대명사)+복수동사

## STEP 2 - B

**1** These are parrots.
**2** Do you know those people?
**3** These questions are easy.
**4** That woman is our neighbor.
**5** This is the way to the library.

◈ 해설

**1** these(지시대명사)+복수동사
**2** those(지시형용사)+복수명사
**3** these(지시형용사)+복수명사+복수동사
**4** that(지시형용사)+단수명사+단수동사
**5** this(지시대명사)+단수동사

## STEP 3 - A

**1** This is my textbook.
**2** Those pants are too big.
**3** I like this dress.
**4** That is my aunt.
**5** These are her classmates.

◈ 해설

**1, 4, 5** '주어(지시대명사)+동사+보어'의 어순으로 배열
**2** '주어(지시형용사+명사)+동사+보어'의 어순으로 배열
**3** '주어+동사+지시형용사+명사'의 어순으로 배열

## STEP 3 - B

**1** Those are bees.
**2** These are empty seats.
**3** That is the new museum.
**4** This is a present for you.

◈ 해설

**1, 2** 'those, these(지시대명사)+복수동사'의 어순으로 문장 완성
**3, 4** 'that/this(지시대명사)+단수동사'의 어순으로 문장 완성

1 children, snow
2 time, money
3 classes, Monday
4 sheep, ducks
5 bowls
6 piece
7 glasses
8 loaves
9 These, those
10 This, that
11 They like each other.
12 Mrs. Edwards invited us.
13 I borrowed his phone.
14 ⓐ these  ⓑ They
15 ⓐ teacher  ⓑ He
16 Lucy needs three tomatoes.
17 My sister made those dolls.
18 a, cup, of, coffee
19 this, your
20 (1) ① friends  (2) ④ mine

❖ 해석 & 해설

**1**
child는 불규칙 변화 명사, snow는 셀 수 없는 명사로 복수형으로 쓸 수 없음

**2**
time과 money는 셀 수 없는 명사로 a/an을 붙일 수 없고, 복수형으로 쓸 수 없음

**3**
-(s)s로 끝내는 명사: +-es, Monday는 셀 수 없는 명사

**4**
sheep은 불규칙 변화 명사, duck은 (대부분의 명사): + -s

**5**
Susan은 두 그릇의 시리얼을 먹었다.
'그릇'이라는 의미가 되어야 하고 앞에 two가 있으므로 bowls

**6**
여기 너에게 해줄 한 마디의 충고가 있다.
'마디'라는 의미가 되어야 하고 앞에 a가 있으므로 piece

**7**
Rick은 매일 여덟 잔의 물을 마신다.
'잔'이라는 의미가 되어야 하고 앞에 eight이 있으므로 glasses

**8**
그는 그의 가방에 세 덩어리의 빵을 넣었다.

'덩어리'라는 의미가 되어야 하고 앞에 three가 있으므로 loaves

**9**
이것들: these, 저것들: those

**10**
이것: this, 저것: that

**11**
Ron과 Amy는 서로 좋아한다. → 그들은 서로 좋아한다.
3인칭 복수 주격 대명사는 they

**12**
Edwards 부인이 내 여동생과 나를 초대했다.
→ Edwards 부인이 우리를 초대했다.
나와 3인칭 단수명사를 지칭하는 we의 목적격 대명사는 us

**13**
나는 Tyler의 전화를 빌렸다. → 나는 그의 전화를 빌렸다.
Tyler(남자 이름)의 소유격은 his

**14**
나는 어제 이 바지를 샀다. 그것은 아주 멋지다.
ⓐ 복수명사(pants)를 꾸며주는 지시형용사는 these
ⓑ 3인칭 복수 주격 대명사는 they

**15**
이분은 나의 선생님 Brown 씨이다. 그는 나에게 친절하다.
ⓐ this is+단수명사
ⓑ 3인칭 남자를 지칭하는 주격 인칭대명사는 he

**16**
Lucy는 토마토 한 개가 필요하다.
→ Lucy는 토마토 세 개가 필요하다.
둘 이상으로 복수형이 되어야 한다. 자음+o로 끝나는 명사: +-es
tomato → tomatoes

**17**
내 여동생이 저 인형을 만들었다.
→ 내 여동생이 저 인형들을 만들었다.
those(지시형용사)+복수명사

**18**
'잔'이라는 의미가 되어야 하고 단수로 용기 앞에 a/an을 붙여야 함

**19**
이것: this, '너의'라는 의미의 소유격 인칭대명사는 your

**20**
Ted와 나는 가장 친한 친구이다. 우리는 매일 서로를 만나고 함께 시간을 보낸다. 우리는 운동을 좋아한다. 방과 후에, 우리는 체육관에 가서 즐거운 시간을 보낸다. 우리는 모든 것을 공유한다. 나는 그의 비밀을 알고, 그도 나의 것을 안다. 우리의 우정은 매우 소중하다.
① 둘 이상으로 복수형이 되어야 한다. 대부분의 명사+s
④ '나의 것'이라는 의미의 소유대명사는 mine

# Chapter 2 be동사

## UNIT 01 be동사의 현재형      p.034

### Check-up

| | |
|---|---|
| **1** am | **2** are |
| **3** is | **4** are |

◈ 해설

1 주어가 I이므로 am
2 주어가 you이므로 are
3 주어가 it이므로 is
4 주어가 they이므로 are

### STEP 1 - A

| | | |
|---|---|---|
| **1** am | **2** is | **3** are |
| **4** are | **5** is | **6** are |
| **7** are | **8** is | |

◈ 해설

1 주어가 I이므로 am
2 주어가 it이므로 is
3 주어가 you이므로 are
4 주어가 they이므로 are
5 주어가 she이므로 is
6 주어가 we이므로 are
7 주어가 복수명사(peaches) 이므로 are
8 주어가 단수 지시대명사(this) 이므로 is

### STEP 1 - B

| | | |
|---|---|---|
| **1** It's | **2** You're | **3** He's |
| **4** They're | **5** We're | **6** I'm |
| **7** She's | | |

◈ 해설

1 It is = It's
2 You are = You're
3 He is = He's
4 They are = They're
5 We are = We're
6 I am = I'm
7 She is = She's

### STEP 2 - A

| | | |
|---|---|---|
| **1** He is | **2** It is | **3** I am |
| **4** You are | **5** Karen is | **6** Those are |
| **7** We are | **8** Jake and I are | |

◆ 해석

1 그는 힘이 아주 세다.
2 그것은 좋은 생각이다.
3 나는 지금 대만에 있다.
4 너는 똑똑한 소녀이다.
5 Karen은 호주 출신이다.
6 저것들은 내 장갑이다.
7 우리는 게임을 할 준비가 되어 있다.
8 Jake와 나는 축구를 못한다.

◈ 해설

1 주어가 3인칭 단수(he)로 is
2 주어가 3인칭 단수(it)로 is
3 주어가 1인칭 단수(I)로 am
4 주어가 2인칭 단수(you)로 are
5 주어가 단수명사(Karen)로 is
6 주어가 복수 지시대명사(those)로 are
7 주어가 1인칭 복수(we)로 are
8 주어가 복수명사(Jake and I)로 are

### STEP 2 - B

1 I am sleepy.
2 He is[He's] in the music room.
3 They are my classmates.
4 Jenny is at the bus stop.
5 My sister and I are very different.

◈ 해설

1 주어 I의 be동사는 am
2 주어가 3인칭 단수(he)로 is
3 주어가 3인칭 복수(they)로 are
4 주어가 단수명사로 is
5 주어가 복수명사로 are

### STEP 3 - A

1 The weather is nice
2 She is with us.
3 We are a great team.
4 I am a good skater.
5 You are brave boys.

◈ 해설

**1~5** '주어+be동사+보어/전치사구'의 어순으로 배열

1  He is[He's] a middle school student.
2  I am[I'm] afraid of bugs.
3  You and Brian are diligent.
4  They are[They're] at the concert hall.

◈ 해설
1  주어 he는 3인칭 단수로 he is
2  주어 I는 1인칭 단수로 I am
3  주어 you and Brian은 복수명사로 you and Brian are
4  주어 they는 3인칭 복수로 they are

## UNIT 02 be동사의 부정문                    p.038

### Check-up

1  am not          2  is not
3  are not         4  are not

◈ 해설
1  주어가 I로 am not
2  주어가 he로 is not
3  수어가 they로 are not
4  주어가 we로 are not

### STEP 1 - A

1  is, not      2  are, not     3  am, not
4  is, not      5  is, not      6  is, not
7  are, not     8  are, not

◈ 해설
1  주어가 he로 is not
2  주어가 you로 are not
3  주어가 I로 am not
4  주어가 it으로 is not
5  주어가 she로 is not
6  주어가 단수명사로 is not
7  주어가 we로 are not
8  주어가 they로 are not

### STEP 1 - B

1  isn't        2  aren't       3  isn't
4  aren't       5  aren't       6  isn't

◈ 해설
1  is not = isn't
2  are not = aren't
3  is not = isn't
4  are not = aren't
5  are not = aren't
6  is not = isn't

### STEP 2 - A

1  I, am, not              2  You, are, not
3  They, are, not         4  It, is, not
5  We, are, not           6  The, store, is, not
7  She, is, not           8  Your, hands, are, not

◈ 해석
1  나는 거짓말쟁이가 아니다.
2  너는 게으르지 않다.
3  그들은 진짜가 아니다.
4  오늘은 목요일이 아니다.
5  우리는 부유하지 않다.
6  그 상점은 문을 열지 않는다.
7  그녀는 Kate의 집에 없다.
8  너의 손은 깨끗하지 않다.

◈ 해설
1  주어가 I로 I am not
2  주어가 you로 You are not
3  주어가 they로 They are not
4  주어가 it로 It is not
5  주어가 we로 We are not
6  주어가 단수명사로 The store is not
7  주어가 she로 She is not
8  주어가 복수명사로 Your hands are not

### STEP 2 - B

1  They are not[aren't] noisy.
2  I am not good at English.
3  He is not[isn't] American.
4  My room isn't[is not] big.
5  Joan and Judy are not[aren't] in the same
   class.

◈ 해설
1  be동사의 부정은 be동사 뒤에 not이 오므로 are not
2  am not은 줄여 쓰지 않음
3  be동사의 부정은 be동사 뒤에 not이 오므로 is not
4  주어가 단수명사로 isn't
5  주어가 복수명사로 are not

**1** She is not lucky.
**2** He is not in China.
**3** It is not my style.
**4** We are not soccer players.
**5** I am not a good singer.

◈ 해설
**1~5** '주어+be동사+not+~'의 어순으로 배열

**STEP 3 - B**

**1** I'm not sick.
**2** She's not[She isn't] my grandmother.
**3** They're not[They aren't] on the playground.
**4** Jim isn't late for class.

◈ 해설
**1** 주어가 I로 I am not → I'm not
**2** 주어가 she로 She is not → She isn't[She's not]
**3** 주어가 they로 They are not → They aren't[They're not]
**4** 주어가 단수명사로 Jim is not → Jim isn't

## UNIT 03 be동사의 의문문  p.042

**Check-up**

**1** Am
**2** Are
**3** Is
**4** Are

◈ 해설
**1** 주어가 I로 Am
**2** 주어가 you로 Are
**3** 주어가 Jenny(3인칭 단수 명사)로 Is
**4** 주어가 they로 Are

**STEP 1 - A**

**1** Are
**2** Am
**3** Is
**4** Is
**5** Is
**6** Are
**7** Are

◈ 해설
**1** 주어가 you로 Are
**2** 주어가 I로 Am
**3** 주어가 it으로 Is

**4** 주어가 she로 Is
**5** 주어가 he로 Is
**6** 주어가 they로 Are
**7** 주어가 we로 Are

**STEP 1 - B**

**1** Am, I
**2** Is, it
**3** Is, she
**4** Are, they
**5** Are, you
**6** Is, Kate
**7** Is, the, movie
**8** Are, these, pears

◆ 해석
**1** 내가 너무 늦었니?
**2** 그것은 무지개니?
**3** 그녀는 과학자니?
**4** 그들은 긴장했니?
**5** 너는 욕실에 있니?
**6** Kate는 서점에 있니?
**7** 그 영화는 무섭니?
**8** 이 배들은 신선하니?

◈ 해설
**1** 주어가 I로 Am, I
**2** 주어가 it으로 Is, it
**3** 주어가 she로 Is, she
**4** 주어가 they로 Are, they
**5** 주어가 you로 Are, you
**6** 주어가 단수명사로 Is, Kate
**7** 주어가 단수명사로 Is, the, movie
**8** 주어가 지시형용사+복수명사로 Are, these, pears

**STEP 2 - A**

**1** he, is
**2** we, are
**3** you, aren't
**4** I, am
**5** she, isn't

◈ 해설
**1** he로 물었고, 긍정의 대답이므로 he, is
**2** you(복수)로 물었고, 긍정의 대답이므로 we, are
**3** I로 물었고, 부정의 대답이므로 you, aren't
**4** you로 물었고, 긍정의 대답이므로 I, am
**5** Sophia(여자 이름)로 물었고, 부정의 대답이므로 she, isn't

## STEP 2 - B

1  Are they famous artists?
2  Is this your phone?
3  Is Brandon honest?
4  Are you interested in robots?

◆ 해석
1  그들은 유명한 예술가들이다. → 그들은 유명한 예술가들이니?
2  이것은 너의 전화기이다. → 이것은 너의 전화기니?
3  Brandon은 정직하다. → Brandon은 정직하니?
4  너는 로봇에 관심이 있다. → 너는 로봇에 관심이 있니?

◈ 해설
**1~4** be동사 평서문을 의문문으로 바꿀 때 주어와 be동사의
순서를 바꿔 'be동사+주어 ~'로 재배열

## STEP 3 - A

1  Am I right?
2  Is he in the baseball club?
3  Are you in the 5th grade?
4  Is that bike Henry's?
5  Are they happy with the news?

◈ 해설
**1~5** 'be동사+주어+보어/전치사구'의 어순으로 배열

## STEP 3 - B

1  Are you alone?
2  Is it true?
3  Am I too loud?
4  Is she on vacation?

◈ 해설
**1~4** 'be동사+주어+보어/전치사구'의 어순으로 문장 배열

## 단답형&서술형

1  I, am
2  She, is
3  They, are, not
4  Are, you
5  Is, it
6  He, is, not
7  am not
8  Is
9  are not[aren't]
10  are
11  he, isn't
12  they, are
13  I'm, not
14  Are, they
15  It, is
16  This is not[isn't] new to me.
17  Are we too late?
18  I am very excited.
19  These aren't cheap.
20  He is, He is, Is he, He is not, he's[he is]

❖ 해석 & 해설
**1**
주어가 I이므로 I am

**2**
주어가 she이므로 she is

**3**
주어가 they이고, be동사 부정문은 be동사 뒤에 not을 붙이므
로 they are not

**4**
주어가 you이고, be동사 의문문은 주어와 동사의 위치를 바꿔
'be동사(are)+주어(you)'의 어순

**5**
주어가 it이고, be동사 의문문은 주어와 동사의 위치를 바꿔 'be
동사(is)+주어(It)'의 어순

**6**
주어가 he이고, be동사 부정문은 be동사 뒤에 not을 붙이므로
He is not

**7**
나는 바보가 아니다.
주어가 I이고 be동사 부정문으로 am not

**8**
이 사과는 단가요?
주어가 지시형용사(this) + 단수명사(apple)로 be동사는 is

**9**

그들은 버스에 있지 않다.

be동사 부정문은 be동사 뒤에 not을 붙이므로 are not 또는 줄여서 aren't

**10**

우리 누나와 나는 컴퓨터를 잘 한다.

주어가 복수명사로 be동사는 are

**11**

A: Carl은 체육관에 있니?

B: 아니, 그렇지 않아. 그는 공원에 있어.

Carl(남자 이름)로 물었고, 부정의 대답으로 he isn't

**12**

A: 그들은 캐나다인들이니?

B: 응, 그래. 그들은 토론토 출신이야.

They로 물었고, 긍정의 대답으로 they are

**13**

A: 너는 졸리니?

B: 아니, 그렇지 않아. 나는 그냥 피곤해.

you(단수)로 물었고, 부정의 대답으로 I'm not

**14**

A: 그들은 너의 새 이웃들이니?

B: 응, 그래.

be동사 의문문은 주어와 be동사의 위치를 바꿔 'be동사(are)+주어(they)'의 어순

**15**

A: 이 책은 재미있니?

B: 아니, 재미 없어. 그것은 지루해.

주어가 it으로 it is

**16**

이것은 나에게 새롭다. → 이것은 나에게 새롭지 않다.

be동사 부정문은 be동사 뒤에 not을 붙여 '주어+be동사+not'의 어순

**17**

우리는 너무 늦었다. → 우리가 너무 늦었니?

be동사 의문문은 주어와 be동사의 위치를 바꿔 'be동사(are)+주어(we)'의 어순

**18**

너는 매우 신이 난다. → 나는 매우 신이 난다.

주어 you가 I로 바뀌면 동사 are는 am으로 바뀜

**19**

이것은 싸지 않다. → 이것들은 싸지 않다.

단수 지시대명사가 복수 지시대명사로 바뀌면 동사 isn't는 aren't로 바뀜

**20**

나는 Peter이다. 나는 농구부에서 가장 우수한 선수이다. 내가 키가

크냐고? 아니다. 나는 키가 크지 않지만, 나는 농구를 매우 잘한다.

→ 그는 Peter이다. 그는 농구부에서 가장 우수한 선수이다. 그가 키가 크냐고? 아니다. 그는 키가 크지 않지만, 그는 농구를 매우 잘한다.

주어 I가 he로 바뀌면 동사 am은 is로 바뀜

# Chapter 3 일반동사

**UNIT 01 일반동사의 현재형 1**  p.050

**Check-up**

| | | |
|---|---|---|
| **1** feel | **2** look | **3** read |
| **4** speak | **5** know | |

◈ 해설

**1~5** 일반동사는 주어의 동작이나 상태를 나타냄

**STEP 1 - A**

| | | |
|---|---|---|
| **1** need | **2** eat | **3** live |
| **4** take | **5** ride | |

◈ 해설

**1~5** 주어가 you(2인칭), tigers(복수명사), I(1인칭), my sister and I(복수명사), we(1인칭 복수)로 동사는 원형으로 씀

**STEP 1 - B**

| | | |
|---|---|---|
| **1** like | **2** send | **3** visit |
| **4** know | **5** meet | |

◆ 해석

**1** 우리는 이탈리아 음식을 좋아한다.

**2** 나는 그녀에게 1년에 한 번씩 편지를 보낸다.

**3** 그들은 매주 우리를 방문한다.

**4** 너는 나의 별명을 알고 있다.

**5** Ian과 Jake는 매일 만난다.

◈ 해설

**1~5** 주어가 we(1인칭 복수), I(1인칭 단수), they(3인칭 복수), you(2인칭), Ian and Jake(복수명사)로 동사원형

## STEP 2 - A

| | | |
|---|---|---|
| **1** dance | **2** want | **3** swim |
| **4** speak | **5** read | |

◆ 해석
**1** 그들은 음악에 맞춰 춤춘다.
**2** 나는 물 한 잔을 원한다.
**3** 우리는 여름에 수영을 한다.
**4** 너는 영어를 잘 한다.
**5** 우리 오빠들은 만화책을 읽는다.

◈ 해설
**1~5** 주어가 they(3인칭 복수), I(1인칭 단수), we(1인칭 복수), you(2인칭 단수), my brothers(복수명사)로 동사원형

## STEP 2 - B

**1** You draw well.
**2** I learn tennis every weekend.
**3** We talk about sports.
**4** They catch fish in the sea.

◈ 해설
**1** 주어가 2인칭으로 동사원형이 되어야 함
**2** 일반동사가 있는 문장에서 be동사는 쓸 수 없음
**3** 일반동사가 있는 문장에서 be동사는 쓸 수 없음
**4** 주어가 3인칭 복수로 동사원형이 되어야 함

## STEP 3 - A

**1** You have big eyes.
**2** They sit on the bench.
**3** We run to school.
**4** I help my mom.
**5** These flowers smell sweet.

◈ 해설
**1~5** '주어+일반동사+목적어/부사구/보어'의 어순으로 문장 배열

## STEP 3 - B

**1** Birds fly in the sky.
**2** They clean their house.
**3** We sleep on the bed.
**4** You make delicious cookies.

◈ 해설
**1~4** '주어+일반동사+목적어/부사구'의 어순으로 문장 완성하고, 주어가 복수명사, 3인칭 복수, 1인칭 복수, 2인칭 단수, 1인칭 단수로 동사원형 사용

## STEP 1 - A

| | | |
|---|---|---|
| **1** cuts | **2** hurries | **3** sees |
| **4** says | **5** keeps | **6** makes |
| **7** does | **8** gets | **9** plays |
| **10** sings | **11** comes | **12** mixes |
| **13** carries | **14** takes | **15** tries |
| **16** swims | **17** buys | **18** needs |
| **19** goes | **20** watches | |

◆ 해석

| | |
|---|---|
| **1** 자르다 | **2** 서두르다 |
| **3** 보다 | **4** 말하다 |
| **5** 가지고 있다, 보관하다 | **6** 만들다 |
| **7** 하다 | **8** 받다, 얻다 |
| **9** 놀다, 경기를 하다 | **10** 노래하다 |
| **11** 오다 | **12** 섞다 |
| **13** 나르다, 가지고 다니다 | **14** 가지고 가다, 데리고 가다 |
| **15** 노력하다, 시도하다 | **16** 수영하다, 헤엄치다 |
| **17** 사다 | **18** 필요하다 |
| **19** 가다 | **20** 보다 |

◈ 해설
**1, 3, 5, 6, 8, 10, 11, 14, 16, 18** 대부분의 동사: + -s
**2, 13, 15** 「자음+y」로 끝나는 동사: -y를 빼고+ -ies
**4, 9, 17** 「모음+y」로 끝나는 동사: + -s
**7, 12, 19, 20** -o, -x, -(s)s, -ch로 끝나는 동사: + -es

## STEP 1 - B

| | | |
|---|---|---|
| **1** snows | **2** flies | **3** has |
| **4** fixes | **5** stays | **6** leaves |
| **7** washes | | |

◈ 해설
**1, 6** 대부분의 동사: + -s
**2** 「자음+y」로 끝나는 동사: -y를 빼고+ -ies
**3** have → has
**4, 7** -x, -sh로 끝나는 동사: + -es
**5** 「모음+y」로 끝나는 동사: + -s

## STEP 2 - A

| | | |
|---|---|---|
| **1** moves | **2** has | **3** mixes |
| **4** plays | **5** finishes | |

**1** 그것은 천천히 움직인다.

**2** 그는 감기에 걸렸다.

**3** 그녀는 채소를 섞는다.

**4** Thomas는 Larry와 배드민턴을 친다.

**5** 우리 학교는 3시에 끝난다.

◈ 해설

**1** 대부분의 동사: + -s

**2** have → has

**3,5** -x, -sh로 끝나는 동사: + -es

**4** 「모음+y」로 끝나는 동사: + -s

### STEP 2 - B

**1** Brian tries hard.

**2** Jessica teaches the piano.

**3** She smiles all the time.

**4** The wind blows gently.

**5** He pays for dinner.

◈ 해설

**1** 「자음+y」로 끝나는 동사: -y를 빼고+ -ies

**2** -ch로 끝나는 동사: + -es

**3,4** 대부분의 동사: + -s

**5** 「모음+y」로 끝나는 동사: + -s

### STEP 3 - A

**1** The store sells books.

**2** My dad watches soccer games.

**3** It grows very fast.

**4** She misses her friends.

**5** He carries an umbrella

◈ 해설

**1~5** '주어+동사+목적어/부사구'의 어순으로 배열

### STEP 3 - B

**1** It, has          **2** She, washes

**3** Ryan, goes     **4** He, studies

◈ 해설

**1** have → has

**2** -sh로 끝나는 동사: + -es

**3** -o로 끝나는 동사: + -es

**4** 「자음+y」로 끝나는 동사: -y를 빼고+ -ies

## UNIT 03 일반동사의 부정문

p.058

### Check-up

**1** don't          **2** doesn't          **3** doesn't

**4** don't          **5** don't

◈ 해설

**1~5** 주어가 3인칭 단수인 경우 '주어+doesn't+동사원형'
그 외의 경우 '주어+don't+동사원형'

### STEP 1 - A

**1** do, not, feel          **2** do, not, talk

**3** do, not, use          **4** do, not, sleep

**5** does, not, forget     **6** do, not, make

**7** does, not, have

◆ 해석

**1** 나는 몸이 좋지 않다.

**2** 그는 나에게 말을 하지 않는다.

**3** 그들은 인터넷을 이용하지 않는다.

**4** 올빼미들은 밤에 잠을 자지 않는다.

**5** Mike는 어떤 것도 잊어버리지 않는다.

**6** 그 아이들은 시끄럽게 떠들지 않는다.

**7** 그녀는 친구가 많지 않다.

◈ 해설

**1~7** 주어가 3인칭 단수인 경우 '주어+doesn't+동사원형'
그 외의 경우 '주어+don't+동사원형'

### STEP 1 - B

**1** don't need          **2** don't believe

**3** doesn't get up     **4** doesn't work

**5** don't watch

◈ 해설

**1~5** 주어가 3인칭 단수인 경우 '주어+doesn't+동사원형'
그 외의 경우 '주어+don't+동사원형'

### STEP 2 - A

**1** I don't eat carrots.

**2** They don't trust him.

**3** She doesn't cook well.

**4** He doesn't exercise on weekends.

**5** Ben doesn't walk to school.

◈ 해설

**1~5** 주어가 3인칭 단수인 경우 '주어+doesn't+동사원형'
그 외의 경우 '주어+don't+동사원형'

1 They do not[don't] speak English.
2 We don't[do not] worry about him.
3 It doesn't[does not] snow in Thailand.
4 She doesn't[does not] ask for any help.
5 He doesn't[does not] listen to the radio.

◆ 해설
1 일반동사 부정문이고 주어가 3인칭 복수로 don't speak
2 일반동사 부정문이고 주어가 1인칭 복수로 don't worry
3,4 주어가 3인칭 단수로 doesn't + 동사원형
5 일반동사 부정문이고 주어가 3인칭 단수로 doesn't listen

1 You do not understand me.
2 I do not want a new coat.
3 My mom does not drive a car.
4 They do not go hiking in the mountains.
5 It does not look interesting.

◆ 해설
1~5 일반동사 부정문으로 '주어+do/does not+동사원형+목적어/보어'의 어순으로 배열

1 I don't eat fast food.
2 Nick doesn't know anything
3 The class doesn't start
4 She doesn't tell a lie.

◆ 해설
1~4 주어가 3인칭 단수인 경우 '주어+doesn't+동사원형'
그 외의 경우 '주어+don't+동사원형'으로 문장 완성

## UNIT 04 일반동사 의문문
p.062

Check-up

1 Does 　 2 Does 　 3 Does
4 Do 　 5 Do

◆ 해설
1~5 주어가 3인칭 단수인 경우 'Does+주어+동사원형~?'
그 외의 경우, 'Do+주어+동사원형~?'

1 Do, look 　 2 Do, fly 　 3 Does, talk
4 Do, live 　 5 Does, paint 　 6 Does, sell
7 Do, study

◆ 해석
1 내가 괜찮아 보이니?
2 펭귄들은 나니?
3 그 앵무새는 말을 하니?
4 그것들은 사막에서 사니?
5 Sarah는 그림을 잘 그리니?
6 그 가게는 모자를 판매하니?
7 그들은 도서관에서 공부하니?

◆ 해설
1~7 주어가 3인칭 단수인 경우 'Does+주어+동사원형~?'
그 외의 경우 'Do+주어+동사원형~?'

1 you don't 　 2 I do 　 3 they don't
4 he doesn't 　 5 she does 　 6 it doesn't
7 they do

◆ 해석
1 A: 우리가 아는 사이인가요?
　 B: 아니오, 그렇지 않아요.
2 A: 너는 커피를 마시니?
　 B: 응, 그래.
3 A: 그 소년들은 연을 날리니?
　 B: 아니, 그렇지 않아.
4 A: 그는 바이올린을 연주하니?
　 B: 아니, 그렇지 않아.
5 A: Amanda는 청바지를 입니?
　 B: 응, 그래.
6 A: 그 가게는 10시에 문을 여니?
　 B: 아니, 그렇지 않아.
7 A: 그들은 저녁으로 피자를 원하니?
　 B: 응, 그래.

◆ 해설
1~7 긍정인 경우 'Yes, 주어+do/does.'로 대답하고,
부정인 경우 'No, 주어+don't/doesn't.'로 대답
단, 질문과 응답에 있는 주어 I와 you는 서로 바꿔 쓰고,
명사로 물으면 그에 맞는 인칭대명사로 바꿔 대답
the boys → they, Amanda → she, the store → it,

## STEP 2 - A

**1** Does he run

**2** Do we need

**3** Does Julie remember

**4** Do they clean

**5** Do you and Kate

◈ 해설

**1~5** 주어가 3인칭 단수인 경우 'Does+주어+동사원형~?'
그 외의 경우 'Do+주어+동사원형~?'

## STEP 2 - B

**1** Do I speak  **2** Does he learn

**3** Do you hate  **4** Does she work

**5** Does it sound

◆ 해석

**1** 나는 너무 빨리 말한다. → 내가 너무 빨리 말하니?

**2** 그는 기타를 배운다. → 그는 기타를 배우니?

**3** 너는 벌레를 싫어한다. → 너는 벌레를 싫어하니?

**4** 그녀는 은행에서 일한다. → 그녀는 은행에서 일하니?

**5** 그것은 좋은 생각 같다. → 그것이 좋은 생각 같니?

◈ 해설

**1~5** 주어가 3인칭 단수명사인 경우 'Does+주어+동사원형~?'
아닌 경우 'Do+주어+동사원형~?'

## STEP 3 - A

**1** Do you like outdoor sports?

**2** Do we have math class

**3** Do your parents know

**4** Does she drink tea?

**5** Does it taste salty?

◈ 해설

**1~5** 'Does/Do+주어+동사원형+목적어/부사구/보어'의 어순으로 배열

## STEP 3 - B

**1** Do you need my passport?

**2** Does he finish work

**3** Does Kate use this app?

**4** Do they love each other?

◈ 해설

**1~4** 주어가 3인칭 단수명사인 경우 'Does+주어+동사원형~?'
아닌 경우 'Do+주어+동사원형~?'

## 단답형&서술형  중등내신 서술형 맛보기

**1** understand

**2** watches

**3** has

**4** worries

**5** fixes

**6** plays

**7** flies

**8** drinks

**9** they don't

**10** he does

**11** (1) don't, like  (2) Do, like

**12** (1) doesn't, need  (2) Does, need

**13** Ben and I run to school.

**14** It doesn't work well.

**15** Does she carry a camera?

**16** rides

**17** cook, buy

**18** clean the table, does the dishes.

**19** Does she like you?

**20** I do not[don't] think so.

❖ 해석 & 해설

**1**
주어가 I로 동사원형

**2**
주어가 3인칭 단수로, 일반동사의 3인칭 단수형을 써야 한다.
-ch로 끝나는 단어: +-es

**3**
주어가 3인칭 단수로, 일반동사의 3인칭 단수형을 써야 한다.
불규칙 변화 동사 have → has

**4**
주어가 3인칭 단수로, 일반동사의 3인칭 단수형을 써야 한다.
「자음+y」로 끝나는 동사는 -y를 빼고+-ies

**5**
우리 삼촌은 차를 고치신다.
-x로 끝나는 동사: +-es

**6**
Kevin은 축구를 한다.
「모음+y」로 끝나는 동사: +-s

**7**
그 새는 남쪽으로 날아간다.
「자음+y」로 끝나는 동사: -y를 빼고+ -ies

**8**

그는 탄산음료를 마신다.

대부분의 동사: + -s

**9**

A: 그들은 만화책을 읽니?

B: 아니, 그렇지 않아.

they로 묻고 있으므로 they로 대답하고, 부정의 대답으로
'No, 주격 대명사+don't'

**10**

A: 그는 열심히 공부하니?

B: 응, 그래.

주어가 3인칭 단수이고 긍정의 대답으로
'Yes, 주격 대명사+does'

**11**

너는 초콜릿을 좋아한다.

(1) 너는 초콜릿을 좋아하지 않는다.

(2) 너는 초콜릿을 좋아하니?

일반동사 부정문: 2인칭 단수 주어(you)+don't+동사원형

일반동사 의문문: Do+2인칭 단수 주어(you)+동사원형~?

**12**

그녀는 지도가 필요하다.

(1) 그녀는 지도가 필요하지 않다.

(2) 그녀는 지도가 필요하니?

일반동사 부정문: 3인칭 단수 주어(she)+doesn't+동사원형

일반동사 의문문: Does+3인칭 단수 주어(she)+동사원형~?

**13**

Ben과 나는 뛰어서 학교에 간다.

주어가 복수명사로 동사원형을 써야 함

**14**

그것은 잘 작동하지 않는다.

주어가 3인칭 단수로 '주어+doesn't+동사원형'

**15**

그녀는 카메라를 가지고 다니니?

'Do/Does+주어+동사원형~?'

**16**

그는 버스를 탄다. (타다)

→ 그는 버스를 타지 않는다. 그는 학교에 자전거를 타고 간다.

주어가 3인칭 단수로 부정문은 '주어+does not[doesn't]+동사
원형'의 형태이며, 평서문에서는 주어가 3인칭 단수로, 동사 ride
에 -s를 붙여 rides로 써야 함

**17**

그들은 요리를 한다. (사다)

→ 그들은 요리를 하지 않는다. 그들은 저녁으로 음식을 산다.

주어가 3인칭 복수로 '주어+do not[don't]+동사원형'의 형태,

평서문에서는 동사를 동사원형으로 씀

**18**

우리 언니는 식탁을 치운다. (설거지를 하다)

→ 우리 언니는 식탁을 치우지 않는다. 그녀는 설거지를 한다.

주어가 3인칭 단수로 부정문은 '주어+does not[doesn't]+동사
원형'의 형태이며, 평서문에서는 동사 do에 -es를 붙여 does로
써야 함

**19-20**

A: 그녀를 봐. 너는 그녀를 아니?

B: 그녀는 새로 온 학생이니?

A: 응, 그래. 나에게 비밀이 하나 있어... 나는 그녀를 좋아해.

B: 오, 정말? 그녀는 너를 좋아하니?

A: 아니. 그렇지 않은 것 같아.

**19**

주어가 3인칭 단수로 'Does+3인칭 단수 주어+동사원형~?'의
형태

**20**

주어가 1인칭 단수로 '주어+do not[don't]+동사원형'의 형태

## Chapter 4 동사의 과거형

### UNIT 01 be동사의 과거형 1                              p.070

**Check-up**

| | | | | | |
|---|---|---|---|---|---|
| **1** was | | **2** were | | **3** was | |
| **4** was | | **5** were | | | |

◈ 해설

1  am의 과거형은 was

2,5  are의 과거형은 were

3,4  is의 과거형은 was

**STEP 1 -A**

| | | | | | |
|---|---|---|---|---|---|
| **1** was | | **2** were | | **3** were | |
| **4** were | | **5** was | | | |

◆ 해석

1  나는 작년에 키가 작았다.

2  너는 그때 운이 좋았다.

3  그들은 좋은 친구였다.

4  우리는 동물원에 있었다.

5  무더운 여름날이었다.

◆ 해설

**1~5** 주어가 1·3인칭 단수일 때 was, 나머지는 were

**STEP 1 - B**

| | | |
|---|---|---|
| **1** was | **2** was | **3** was |
| **4** was | **5** were | **6** were |
| **7** were | | |

◆ 해석

**1** 나는 그때 슬펐다.

**2** 그녀는 어젯밤 혼자 있었다.

**3** 그 시험은 쉬웠다.

**4** 그것은 코미디 영화였다.

**5** 우리는 지난달 L.A.에 있었다.

**6** 그들은 어제 바빴다.

**7** 그들의 노래는 그 당시에 인기 있었다.

◆ 해설

**1~7** 주어가 1·3인칭 단수일 때 was, 나머지는 were

**STEP 2 - A**

**1** You were a hero

**2** We were hungry

**3** I was in the tennis club

**4** She was my math teacher

**5** It was rainy

◆ 해석

**1** 너는 영웅이다. → 너는 그때 영웅이었다.

**2** 우리는 배가 고프다. → 우리는 한 시간 전에 배가 고팠다.

**3** 나는 테니스부이다. → 나는 2년 전에 테니스부였다.

**4** 그녀는 내 수학 선생님이시다. → 그녀는 작년에 내 수학 선생님이셨다.

**5** 비가 온다. → 어제 비가 왔다.

◆ 해설

**1~5** 주어가 1·3인칭 단수일 때 was, 나머지는 were

**STEP 2 - B**

**1** I was tired last night.

**2** He was my neighbor last year.

**3** The class was quiet an hour ago.

**4** We were born on the same day.

**5** Emma and I were on our way home then.

◆ 해설

**1** last night은 과거 시간 표현으로 was

**2** 주어가 3인칭 단수로 was

**3** an hour ago는 과거 시간 표현으로 was

**4** 주어가 1인칭 복수로 were

**5** 주어가 복수명사로 were

**STEP 3 - A**

**1** He was a greedy man.

**2** We were on holiday

**3** The bus was full

**4** The children were in the yard.

**5** Peter and Sophia were musicians.

◆ 해설

**1~5** '주어+was/were+보어/전치사구'의 어순으로 배열

**STEP 3 - B**

**1** I was afraid of cats

**2** You were beautiful

**3** They were in the third grade

**4** The window was open

◆ 해설

**1,4** 주어가 1·3인칭 단수로 '주어+was+보어'의 형태

**2,3** 주어가 2인칭 단수, 3인칭 복수로 '주어+were+보어/전치사구'의 형태

**UNIT 02  be동사의 과거형 2 (부정문과 의문문)**  p.075

**STEP 1 - A**

| | | |
|---|---|---|
| **1** was | **2** was | **3** were |
| **4** were | **5** were | |

◆ 해석

**1** 나는 졸리지 않았다.

**2** 그는 거짓말쟁이가 아니었다.

**3** 그들은 친구들이 아니었다.

**4** 너는 학교에 없었다.

**5** Angel 씨와 나는 파티에 없었다.

◆ 해설

**1~5** 주어가 1·3인칭 단수일 때 was, 나머지는 were를 사용, was not → wasn't, were not → weren't

1 was    2 wasn't    3 weren't
4 Was, was    5 Were, were

◆ 해석
1 A: 어제는 화창했니?
  B: 응, 그랬어.
2 A: 너는 지난주에 바빴니?
  B: 아니, 그렇지 않았어.
3 A: 그들은 병원에 있었니?
  B: 아니, 그렇지 않았어.
4 A: 그녀는 음악 선생님이었니?
  B: 응, 그랬어.
5 A: 아이들은 파티에 있었니?
  B: 응, 그랬어.

◈ 해설
1~5 be동사 과거시제 의문문은 'Was/Were+주어~?'이고,
    you로 물으면 I로 대답하고, 복수명사로 물으면 알맞은 인칭
    대명사로 바꿔 대답

1 I was not[wasn't]
2 We were not[weren't]
3 Jacob was not[wasn't]
4 Were they surprised?
5 Were these caps on sale?

◆ 해석
1 나는 부엌에 있었다. → 나는 부엌에 없었다.
2 우리는 시험 볼 준비가 되어 있었다.
  → 우리는 시험 볼 준비가 안 돼 있었다.
3 Jacob은 착한 소년이었다. → Jacob은 착한 소년이 아니었다.
4 그들은 놀랐다. → 그들은 놀랐니?
5 이 모자들은 할인 중이었다. → 이 모자들은 할인 중이었니?

◈ 해설
1~3 be동사 과거형 부정문은 '주어+was/were+not'의 형태
4,5 be동사 과거형 의문문은 'Was/Were+주어~?'의 형태

1 Was Kate happy at that time?
2 It was not[wasn't] your fault.
3 She was not[wasn't] with us yesterday.
4 We weren't[were not] there last night.
5 Were your textbooks on the desk?

◈ 해설
1 주어가 단수명사로 was가 되어야 함
2,3 be동사 과거형 부정문은 '주어+was/were+not'의 형태

4 last night가 과거 시간 표현으로 be동사의 과거형이 되어야 함
5 주어가 복수명사로 were가 되어야 함

1 Was it a dream?
2 Were the people friendly?
3 The cupcakes were not delicious.
4 Cathy was not in the bookstore.
5 The men were not soccer players.

◈ 해설
1,2 'Was/Were+주어+보어~?'의 어순으로 배열
3,4,5 '주어+was/were+not+보어/전치사구'의 어순으로 배열

1 Was the concert great?
2 Ted wasn't healthy, then.
3 Were they in Japan last year?
4 Amy and I weren't in the same class.

◈ 해설
1,3 be동사 과거형 의문문으로 'Was/Were+주어+보어/전치사
    구~?'의 어순으로 문장 완성
2,4 be동사 과거형 부정문으로 '주어+wasn't/weren't+보어'의
    어순으로 문장 완성

## UNIT 03 일반동사의 과거형 1 (규칙변화)    p.078

### Check-up

1 helped    2 played    3 called
4 stayed    5 lived     6 loved
7 stopped   8 planned   9 tried
10 studied

◆ 해석
1 돕다 → 도왔다
2 놀다, 경기를 하다 → 놀았다, 경기를 했다
3 부르다, 전화하다 → 불렀다, 전화를 했다
4 머무르다, 남다 → 머물렀다, 남았다
5 살다 → 살았다
6 사랑하다 → 사랑했다
7 멈추다 → 멈췄다
8 계획하다 → 계획했다
9 노력하다, 시도하다 → 노력했다, 시도했다
10 공부하다 → 공부했다

**1~4** 대부분의 동사: +-ed

**5~6** -e로 끝나는 동사: +-d

**7** 「단모음+단자음」으로 끝나는 동사: 자음을 한 번 더 쓰고+-ed

**9~10** 「자음+y」로 끝나는 동사: y를 i로 바꾸고+-ed

## STEP 1 - A

**1** tried　　**2** liked　　**3** studied

**4** opened　　**5** washed

◆ 해석

**1** 그녀는 작년에 최선을 다했다.

**2** Mason은 내 선물을 마음에 들어 했다.

**3** 우리는 어제 집에서 공부했다.

**4** Peter가 한 시간 전에 문을 열었다.

**5** 나는 오늘 아침에 머리를 감았다.

◈ 해설

**1** 「자음+y」로 끝나는 동사: y를 i로 바꾸고+-ed

**2** -e로 끝나는 동사: +-d

**3** 「단모음+단자음」으로 끝나는 동사: 자음을 한 번 더 쓰고+-ed

**4,5** 대부분의 동사: +-ed

## STEP 1 - B

**1** dried　　**2** planned　　**3** enjoyed

**4** started　　**5** arrived

◈ 해설

**1** 「자음+y」로 끝나는 동사: y를 i로 바꾸고+-ed

**2** 「단모음+단자음」으로 끝나는 동사: 자음을 한 번 더 쓰고+-ed

**3,4** 대부분의 동사: +-ed

**5** -e로 끝나는 동사: +-d

## STEP 2 - A

**1** You looked terrible

**2** We stayed at a hotel

**3** She lived in a small town

**4** Robin studied all day

**5** My mom hugged me

◆ 해석

**1** 너는 안 좋아 보인다. → 너는 어젯밤에 안 좋아 보였다.

**2** 우리는 호텔에서 묵는다. → 우리는 지난주에 호텔에서 묵었다.

**3** 그녀는 작은 마을에 산다. → 그녀는 1년 전에 작은 마을에 살았다.

**4** Robin은 온종일 공부한다. → Robin은 어제 온종일 공부했다.

**5** 우리 엄마는 매일 아침 나를 안아주신다.
　　→ 우리 엄마는 오늘 아침 나를 안아주셨다.

◈ 해설

**1,2** 대부분의 동사: +-ed

**3** -e로 끝나는 동사: +-d

**4** 「자음+y」로 끝나는 동사: y를 i로 바꾸고+-ed

**5** 「단모음+단자음」으로 끝나는 동사: 자음을 한 번 더 쓰고+-ed

## STEP 2 - B

**1** He called you an hour ago.

**2** The snow stopped this morning.

**3** The man wanted some food then.

**4** We worried about you last night.

**5** My mom baked cookies last weekend.

◈ 해설

**1~5** 문장에 과거 시간을 나타내는 표현이 있으므로 문장의 동사를 과거형으로 써야 함

## STEP 3 - A

**1** Jack loved his job.

**2** Our family planned a trip.

**3** The waiter carried the food.

**4** The teacher asked many questions.

**5** She visited her aunt

◈ 해설

**1~5** '주어+동사의 과거형+목적어'의 어순으로 배열

## STEP 3 - B

**1** The woman cried loudly.

**2** Jennifer played games

**3** My granddad worked hard.

**4** She dropped a vase on the floor.

◈ 해설

**1** 「자음+y」로 끝나는 동사: y를 i로 바꾸고+-ed
　　cry → cried

**2,3** 대부분의 동사: +-ed
　　play → played, work → worked

**4** 「단모음+단자음」으로 끝나는 동사: 자음을 한 번 더 쓰고+-ed
　　drop → dropped

## Check-up

| | | | | | |
|---|---|---|---|---|---|
| 1 | put | 2 | read | 3 | went |
| 4 | bought | 5 | broke | 6 | flew |
| 7 | met | 8 | rode | 9 | sent |
| 10 | took | | | | |

◆ 해석

1 놓다, 두다 → 놓았다, 두었다
2 읽다 → 읽었다
3 가다 → 갔다
4 사다 → 샀다
5 깨다 → 깼다
6 날다, 날리다 → 날았다, 날렸다
7 만나다 → 만났다
8 타다 → 탔다
9 보내다 → 보냈다
10 가지고 가다, 데리고 가다 → 가지고 갔다, 데리고 갔다

◈ 해설

1~10 과거형을 만들 때 불규칙 변화 동사

## STEP 1 - A

| | | | | | |
|---|---|---|---|---|---|
| 1 | saw | 2 | knew | 3 | met |
| 4 | made | 5 | left | | |

◆ 해석

1 우리는 어제 서커스를 보았다.
2 그는 내 가족을 알고 있었다.
3 나는 1년 전에 그녀를 만났다.
4 너는 어제 큰 실수를 했다.
5 그 기차는 10분 전에 떠났다.

◈ 해설

1 see(보다) → saw
2 know(알다) → knew
3 meet(만나다) → met
4 make(만들다) → made
5 leave(떠나다, 출발하다) → left

## STEP 1 - B

| | | | | | |
|---|---|---|---|---|---|
| 1 | spoke | 2 | ate | 3 | wrote |
| 4 | had | 5 | sat | | |

◈ 해설

1 speak(말하다) → spoke
2 eat(먹다) → ate
3 write(쓰다) → wrote
4 have(가지다) → had
5 sit(앉다) → sat

## STEP 2 - A

1 He gave me flowers
2 Sylvia broke a mirror
3 Nora said hello to me
4 She lost her train ticket
5 Jenny and I took a walk

◆ 해석

1 그는 나에게 꽃을 준다. → 그가 어젯밤에 나에게 꽃을 주었다.
2 Sylvia는 거울을 깬다. → Sylvia가 어제 거울을 깼다.
3 Nora가 나에게 인사를 한다. → Nora가 오늘 아침에 나에게 인사를 했다.
4 그녀는 기차표를 잃어버린다. → 그녀는 오늘 기차표를 잃어버렸다.
5 Jenny와 나는 산책을 한다. → Jenny와 나는 지난 일요일에 산책을 했다.

◈ 해설

1 give(주다) → gave
2 break(깨다) → broke
3 say(말하다) → said
4 lose(잃어버리다) → lost
5 take(가지고 가다, 데리고 가다) → took

## STEP 2 - B

1 She read this book last year.
2 They rode bicycles to school yesterday.
3 We bought a house in 2015.
4 Mr. Horton taught us three years ago.
5 Eric swam in the river last Friday.

◈ 해설

1 last year는 과거 시간 표현으로 read는 과거형이다.
2 ride → rode
3 buy → bought
4 three years ago는 과거 시간 표현으로 과거형으로 써야 함, teach → taught
5 swim → swam

## STEP 3 - A

1 He came home
2 She put clothes
3 Ben felt nervous
4 I sent an e-mail
5 Isabel wore a red sweater

**1~5** '주어+동사의 과거형+목적어/부사구/보어'의 어순으로 배열

### STEP 3 - B

**1** Amy kept my secret.
**2** She cut the vegetables.
**3** Nick sang a song for me.
**4** I slept for ten hours yesterday.

◈ 해설
**1** keep(유지하다, 보관하다) → kept
**2** cut(자르다) → cut
**3** sing(노래하다) → sang
**4** sleep(자다) → slept

---

## UNIT 05 일반동사 과거형 3 (부정문과 의문문)   p.086

### Check-up

**1** did        **2** did        **3** Did
**4** Did

◈ 해설
**1, 2** 일반동사의 과거 부정문은 '주어+did not+동사원형'의 형태
**3, 4** 일반동사의 과거 의문문은 'Did+주어+동사원형~?'의 형태

### STEP 1 - A

**1** didn't, tell        **2** didn't, sleep
**3** didn't, enjoy        **4** didn't, want

◈ 해설
**1~4** 일반동사의 과거 부정문은 '주어+didn't+동사원형'의 형태

### STEP 1 - B

**1** Did, catch    **2** Did, stay    **3** Did, get
**4** Did, travel    **5** Did, fix

◆ 해석
**1** A: 그녀는 감기에 걸렸었니?
   B: 응, 그랬어.
**2** A: 너는 호텔에서 묵었니?
   B: 아니, 그렇지 않았어.
**3** A: Julia가 내 메시지를 받았니?
   B: 응, 그랬어.
**4** A: 그들은 기차로 여행했니?
   B: 아니, 그렇지 않았어.

**5** A: 너의 아빠가 지붕을 고쳤니?
   B: 응, 그랬어.

◈ 해설
**1~5** 일반동사의 과거 의문문은 'Did+주어+동사원형~?'의 형태

### STEP 2 - A

**1** I did not[didn't] know
**2** He did not[didn't] finish
**3** Betty did not[didn't] take
**4** Did she buy
**5** Did Jamie leave

◆ 해석
**1** 나는 그 사실을 알고 있었다. → 나는 그 사실을 몰랐다.
**2** 그는 자신의 보고서를 끝냈다. → 그는 자신의 보고서를 끝내지 않았다.
**3** Betty는 낮잠을 잤다. → Betty는 낮잠을 자지 않았다.
**4** 그녀가 우유를 샀다. → 그녀가 우유를 샀니?
**5** Jamie는 일찍 떠났다. → Jamie는 일찍 떠났니?

◈ 해설
**1~3** 일반동사의 과거 부정문은 '주어+did not[didn't]+동사원형'의 형태
**4~5** 일반동사의 과거 의문문은 'Did+주어+동사원형~?'의 형태

### STEP 2 - B

**1** It didn't taste good.
**2** I didn't eat anything yesterday.
**3** My mom didn't wake me up.
**4** Did you wear hats yesterday?
**5** Did she change her plan?

◈ 해설
**1, 2, 3** did not[didn't]+동사원형
**4** yesterday는 과거 시간 표현으로 'Did+주어+동사원형~?'의 형태
**5** Did+주어+동사원형~?

### STEP 3 - A

**1** Lisa did not believe him.
**2** You did not feed the fish.
**3** She did not agree with me.
**4** Did you lock the door?
**5** Did the bus arrive on time?

◈ 해설
**1~3** '주어+did not+동사원형'의 어순으로 배열
**4, 5** 'Did+주어+동사원형+목적어/부사~?'의 어순으로 배열

**1** Mike didn't brush his teeth.

**2** We didn't have time

**3** Did you bring your lunch box?

**4** Did Mr. Smith live alone

◈ 해설

**1, 2** '주어+didn't+동사원형'의 어순으로 문장 완성

**3, 4** 'Did+주어+동사원형~?'의 어순으로 문장 완성

## 단답형&서술형
중등내신 서술형 맛보기

p.090

**1** was

**2** were

**3** talked

**4** went

**5** lived, lives

**6** comes, came

**7** reads, read

**8** learn, learned

**9** Were, played

**10** Did, enjoy, was

**11** Is, stopped

**12** They were not[weren't] here last night.

**13** Did Tom paint the wall?

**14** (1) She was not[wasn't] a nurse.
(2) Was she a nurse?

**15** (1) You did not[didn't] do your homework.
(2) Did you do your homework?

**16** ① eat ② Were

**17** I did not[didn't] have time

**18** bought some clothes

**19** studied for the exam

**20** visited my grandparents

❖ 해석 & 해설

**1**

나는 지금 아프다. → 나는 어젯밤에 아팠다.

am의 과거형은 was

**2**

그들은 그녀가 자랑스럽다. → 그들은 그때 그녀가 자랑스러웠다.

are의 과거형은 were

**3**

그녀는 자신의 가족에 대해 말한다. → 그녀는 전에 자신의 가족에 대해 말했다.

대부분의 동사: + -ed

**4**

우리는 소풍을 간다. → 우리는 지난 일요일에 소풍을 갔다.

불규칙 변화 동사로 go(가다) → went

**5**

Karen은 작년에 런던에 살았다. 하지만 그녀는 지금 옥스퍼드에 산다.

last year는 과거 시간 표현으로 lived,
now는 현재 시간 표현이고 주어가 3인칭 단수로 lives

**6**

우리 아빠는 보통 집에 일찍 들어오신다. 하지만 그는 어제 집에 늦게 들어오셨다.

usually는 현재 시간 표현이고, 주어가 단수명사이므로 comes,
yesterday는 과거 시간 표현으로 came

**7**

그는 보통 과학책을 읽는다. 하지만 그는 어젯밤에 만화책을 읽었다.

usually는 현재 시간 표현이고, 주어가 3인칭 단수이므로
reads, last night는 과거 시간 표현이므로 read

**8**

나는 요즘 기타를 배운다. 하지만 나는 3달 전에 피아노를 배웠다.

these days는 현재 시간 표현으로 learn, three months
ago는 과거 시간 표현으로 learned

**9**

A: 너는 어제 집에 있었니?

B: 아니, 없었어. 나는 James와 축구를 했어.

be동사 과거 의문문이고 주어가 2인칭으로 'Were+주어~?',
대부분의 동사: + -ed

**10**

A: 너희들은 지난 주말에 축제를 즐겼니?

B: 응, 그랬어. 그것은 정말로 신났어.

일반동사 과거 의문문으로 'Did+주어+동사원형~?',
주어가 3인칭 단수이고 과거시제로 was

**11**

A: 지금 밖에 비가 내리니?

B: 아니, 그렇지 않아. 비는 한 시간 전에 그쳤어.

be동사 현재 의문문이고, 주어가 3인칭 단수로 'Is+주어~?',
「단모음+단자음」으로 끝나는 동사: 자음을 한 번 더 쓰고+ -ed

**12**

그들은 어젯밤에 여기에 없었다.

주어가 3인칭 복수로 was → were

**13**

Tom이 벽에 페인트를 칠했니?

paint는 일반동사로 일반동사 과거 의문문이 되어야 하므로
Was → Did

**14**

그녀는 간호사였다.

(1) 그녀는 간호사가 아니었다.

(2) 그녀는 간호사였니?

(1) be동사 과거 부정문은 '주어+was/were+not'의 형태

(2) be동사 과거형 의문문은 'Was/Were+주어~?'의 형태

**15**

너는 너의 숙제를 했다.

(1) 너는 너의 숙제를 하지 않았다.

(2) 너는 너의 숙제를 했니?

(1) 일반동사 과거 부정문은 '주어+did+not'의 형태

(2) 일반동사 과거형 의문문은 'Did+주어~?'의 형태

**16-17**

A: 나 지금 너무 배가 고파. 나 오늘 점심을 먹지 않았어.

B: 너는 오늘 학교에서 바빴니?

A: 응, 그랬어. 나는 점심 먹을 시간이 없었어.

B: 여기 너를 위한 샌드위치가 있어.

**16**

① did not[didn't]+동사원형이므로 eat

② 주어가 2인칭으로 Were

**17**

일반동사의 과거 부정문은 '주어+did not[didn't]+동사원형'

**18-20**

[보기] 월요일에 나는 피아노 강습을 받았다.

**18**

목요일에 나는 옷을 좀 샀다.

buy는 불규칙 변화 동사로 bought

**19**

금요일에 나는 시험 공부를 했다.

「자음+y」로 끝나는 동사: y를 i로 바꾸고+ -ed

**20**

토요일에 나는 조부모님을 방문했다.

대부분의 동사: + -ed

---

# Chapter 5 진행형과 미래시제

## UNIT 01 현재진행형 1 p.094

### Check-up

| | | |
|---|---|---|
| **1** going | **2** lying | **3** running |
| **4** playing | | |

◆ 해석

**1** 가다 → 가는 중인

**2** 거짓말하다 → 거짓말하는 중인

**3** 뛰다 → 뛰는 중인

**4** 놀이를 하다 → 놀이 중인

◈ 해설

**1,4** 대부분의 동사: 동사원형+ -ing

**2** -ie로 끝나는 동사: ie를 y로 바꾸고+ -ing

**3** 「단모음+단자음」으로 끝나는 동사: 마지막 자음을 한 번 더 쓰고+ -ing

### STEP 1 - A

| | | |
|---|---|---|
| **1** crying | **2** dying | **3** taking |
| **4** making | **5** winning | |

◆ 해석

**1** 그 아기가 울고 있다.

**2** 그 꽃들은 시들고 있다.

**3** Alice는 쉬고 있다.

**4** 우리는 팬케이크를 만들고 있다.

**5** 우리 팀이 경기에서 이기고 있다.

◈ 해설

**1** 대부분의 동사: 동사원형+ -ing

**2** -ie로 끝나는 동사: ie를 y로 바꾸고+ -ing

**3,4** -e로 끝나는 동사: e를 빼고+ -ing

**5** 「단모음+단자음」으로 끝나는 동사: 마지막 자음을 한 번 더 쓰고+ -ing

### STEP 1 - B

| | | |
|---|---|---|
| **1** am, writing | **2** is, tying | |
| **3** are, listening | **4** are, sitting | |
| **5** is, raining | | |

◆ 해석

**1** 나는 편지를 쓰고 있다.

**2** 우리 아빠가 넥타이를 매고 계신다.

**3** 우리는 음악을 듣고 있다.

**4** 그들은 잔디에 앉아 있다.

**5** 비가 세차게 내리고 있다.

**1~5** 현재진행형은 '주어+am/are/is+V-ing'의 형태

## Check-up

**1** am, not **2** are, not
**3** Are

◆ 해석
**1** 나는 차를 마시고 있다. → 나는 차를 마시고 있지 않다.
**2** 그들은 수영을 하고 있다. → 그들은 수영을 하고 있지 않다.
**3** 너는 울고 있다. → 너는 울고 있니?

◈ 해설
**1~2** 현재진행형 부정문: 주어+be동사+not+V-ing
**3** 현재진행형 의문문: Be동사+주어+V-ing~?

## STEP 2 - A

**1** is, giving **2** are, learning
**3** am, going **4** is, lying
**5** are, swimming

◆ 해석
**1** Alex는 아이들에게 풍선을 준다.
　→ Alex는 지금 아이들에게 풍선을 주고 있다.
**2** 우리는 과학을 배운다. → 우리는 지금 과학을 배우고 있다.
**3** 나는 치과에 간다. → 나는 지금 치과에 가고 있다.
**4** 그녀는 소파에 눕는다. → 그녀는 지금 소파에 누워 있다.
**5** Jenny와 Ben은 바다에서 수영을 한다.
　→ Jenny와 Ben은 바다에서 수영을 하고 있다.

◈ 해설
**1~5** 현재진행형은 '주어+am/are/is+V-ing'의 형태

## STEP 1 - A

**1** is not shining **2** are not going
**3** is not taking **4** am not talking
**5** are not building

◆ 해석
**1** 해가 빛나고 있다. → 해가 빛나고 있지 않다.
**2** 우리는 낚시를 가고 있다. → 우리는 낚시를 가고 있지 않다.
**3** Nick은 사진을 찍고 있다. → Nick은 사진을 찍고 있지 않다.
**4** 나는 너에게 말하고 있다. → 나는 너에게 말하고 있지 않다.
**5** 그들은 다리를 건설하고 있다.
　→ 그들은 다리를 건설하고 있지 않다.

◈ 해설
**1~5** 현재진행형 부정문: 주어+be동사+not+V-ing

## STEP 2 - B

**1** Jessica is enjoying the painting.
**2** He is cutting potatoes.
**3** I am eating a hamburger.
**4** The girls are dancing on stage.
**5** We are watching a movie now.

◈ 해설
**1~5** 현재진행 시제로 '주어+am/are/is+V-ing'의 형태

## STEP 3 - A

**1** Snow is falling
**2** Anna is tying a ribbon.
**3** Jerry and Mia are skating
**4** The train is leaving
**5** They are shopping

◈ 해설
**1~5** '주어+am/are/is+V-ing(+목적어)'의 어순으로 배열

## STEP 1 - B

**1** Is, practicing **2** Is, hiding
**3** Are, making **4** Are, moving
**5** Is, blowing

◆ 해석
**1** A: Kate는 바이올린을 연습하고 있니?
　B: 아니, 그렇지 않아.
**2** A: 그는 숨어 있니?
　B: 응, 그래.
**3** A: 너는 케이크를 만들고 있니?
　B: 아니, 그렇지 않아.
**4** A: 그 남자들이 가구를 옮기고 있니?
　B: 응, 그래.
**5** A: 바람이 세게 불고 있니?
　B: 응, 그래.

◈ 해설
현재진행형 의문문: Be동사+주어+V-ing~?

## STEP 3 - B

**1** You are lying
**2** I am looking for my glasses.
**3** They are putting books
**4** My dad is fixing the computer.

◈ 해설
**1~5** '주어+am/are/is+V-ing(+목적어)'의 어순으로 문장 완성

1 I am not eating ice cream.
2 He is not smiling now.
3 Is she brushing her hair?
4 Are the cars running fast?

◈ 해설
**1, 2** 현재진행형 부정문: 주어+be동사+not+V-ing
**3, 4** 현재진행형 의문문: Be동사+주어+V-ing~?

1 The women is not[isn't] carrying
  Is the woman carrying
2 Henry is not[isn't] hitting
  Is Henry hitting
3 You are not[aren't] using
  Are you using
4 They are not[aren't] doing
  Are they doing

◆ 해석
1 그 여자는 가방을 들고 있지 않다.
  그 여자는 가방을 들고 있니?
2 Henry는 공을 치고 있지 않다.
  Henry는 공을 치고 있니?
3 너는 인터넷을 사용하고 있지 않다.
  너는 인터넷을 사용하고 있니?
4 그들은 숙제를 하고 있지 않다.
  그들은 숙제를 하고 있니?

◈ 해설
**1~4** 현재진행형 부정문: 주어+be동사+not+V-ing
현재진행형 의문문: Be동사+주어+V-ing~?

1 We are not fighting.
2 Are you looking at me?
3 Am I speaking too loudly?
4 He is not reading a newspaper.
5 Is your mom working

◈ 해설
**1, 4** '주어+be동사+not+V-ing'의 어순으로 배열
**2, 3, 5** 'Be동사+주어+V-ing~?'의 어순으로 배열

1 I'm not going home.
2 They aren't buying a table.
3 She isn't watering the flowers.
4 Is he throwing a ball?

◈ 해설
**1, 2, 3** '주어+be동사+not+V-ing'의 어순으로 문장 완성
**4** 'Be동사+주어+V-ing~?'의 어순으로 문장 완성

## UNIT 03 과거진행형 1   p.102

### Check-up

1 living    2 snowing    3 waiting
4 washing    5 taking    6 lying
7 planning

◈ 해설
**1~7** 과거진행형은 '주어+was/were+V-ing'의 형태로 주어진 동사를 -ing형으로 써야 함

1 was, visiting    2 were, dying
3 was, pushing    4 were, losing
5 was, buying    6 were, selling

◆ 해석
1 나는 James를 방문하고 있었다.
2 그 식물들은 죽어가고 있었다.
3 그는 차를 밀고 있었다.
4 우리는 경기에서 지고 있었다.
5 우리 엄마는 채소를 사고 있었다.
6 그 아이들은 레모네이드를 팔고 있었다.

◈ 해설
**1~6** 과거진행형: 주어+was/were+V-ing

**1** were, collecting　**2** were, making

**3** was, burning　**4** was, sending

**5** were, tying

◈ 해설

**1~5** 과거진행형: 주어+was/were+V-ing

**1** The river was flowing slowly.

**2** Ryan was wearing a funny hat then.

**3** I was packing my bag at that time.

**4** My brothers were blowing up balloons.

**5** My parents were talking about the weather.

◈ 해설

**1, 2, 5** 과거진행형: 주어+was/were+V-ing

**3** at that time이 과거 시간 표현으로 과거진행형이 되어야 하므로 was

**4** 주어가 복수명사로 were

**1** They were catching fish.

**2** He was laughing loudly.

**3** Many people were standing.

**4** The cows were eating grass.

**5** The farmer was picking oranges.

◆ 해석

**1** 그들은 물고기를 잡았다. → 그들은 물고기를 잡고 있었다.

**2** 그는 크게 웃었다. → 그가 크게 웃고 있었다.

**3** 많은 사람들이 서 있다. → 많은 사람들이 서 있었다.

**4** 그 소들은 풀을 먹었다. → 그 소들은 풀을 먹고 있었다.

**5** 농부가 오렌지를 땄다. → 그 농부는 오렌지를 따고 있었다.

◈ 해설

**1~5** 문장의 동사를 was/were+V-ing의 형태로 바꿔야 함

**1** You were flying a kite.

**2** He was trying his best.

**3** They were playing music.

**4** It was getting dark.

**5** We were having a good time.

◈ 해설

**1~5** '주어+was/were +V-ing(+목적어/보어)'의 어순으로 배열

**1** A butterfly was sitting

**2** Gary was kicking a ball.

**3** She was cleaning the window.

**4** We were crossing the street.

◈ 해설

**1~4** '주어+was/were+V-ing(+목적어)'의 어순으로 문장 완성

## UNIT 04 과거진행형 2 (부정문과 의문문)　p.106

**Check-up**

**1** not　　**2** Was

◆ 해석

**1** 나는 버스를 타고 있었다. → 나는 버스를 타고 있지 않았다.

**2** 그녀는 집으로 가고 있었다. → 그녀는 집으로 가고 있었니?

◈ 해설

**1** 과거진행형 부정문: 주어+was/were+not+V-ing

**2** 과거진행형 의문문: Was/Were+주어+V-ing~?

**1** were, not, eating　**2** were, not, wearing

**3** was, not, writing　**4** were, not, riding

**5** was, not, cooking

◈ 해설

**1~5** 과거진행형 부정문: 주어+was/were+not+V-ing

**1** Were, buying　**2** Was, doing

**3** Were, cutting　**4** Was, driving, wasn't

◆ 해석

**1** A: 너는 도넛을 사고 있었니?

　　B: 아니, 그렇지 않았어.

**2** A: William은 빨래를 하고 있었니?

　　B: 응, 그랬어.

**3** A: 그들은 잔디를 깎고 있었니?

　　B: 응, 그랬어.

**4** A: 그는 안전하게 운전을 하고 있었니?

　　B: 아니, 그렇지 않았어.

◈ 해설

**1~4** 과거진행형 의문문은 'Was/Were+주어+V-ing~?'의 형태이고, 긍정의 대답은 'Yes, 주격 대명사+was/were'로, 부정의 대답은 'No, 주격 대명사+wasn't/weren't'로 대답하며, you로 물으면 I로 대답하고, 단·복수명사인 경우 알맞은 인칭대명사로 바꿔 대답

### STEP 2 - A

**1** You were not[weren't] taking
　Were you taking
**2** She was not[wasn't] drying
　Was she drying
**3** They were not[weren't] playing
　Were they playing

◆ 해석

**1** 너는 샤워를 하고 있었다.
　너는 샤워를 하고 있지 않았다.
　너는 샤워를 하고 있었니?
**2** 그녀는 머리를 말리고 있었다.
　그녀는 머리를 말리고 있지 않았다.
　그녀는 머리를 말리고 있었니?
**3** 그들은 그네에서 놀고 있었다.
　그들은 그네에서 놀고 있지 않았다.
　그들은 그네에서 놀고 있었니?

◈ 해설

**1~3** 과거진행형 부정문: 주어+was/were+not+V-ing,
　　　과거진행형 의문문: Was/Were+주어+V-ing~?

### STEP 2 - B

**1** Was Ellen going out?
**2** The water was not boiling.
**3** We weren't meeting Wendy then.
**4** Were they planting seeds?
**5** Was she talking on the phone?

◈ 해설

**1, 4, 5** 과거진행형 의문문: Was/Were+주어+V-ing~?
**2, 3** 과거진행형 부정문: 주어+was/were+not+V-ing

### STEP 3 - A

**1** Was he setting the table?
**2** I was not following you.
**3** They were not playing hockey.
**4** Were the students solving the problem?
**5** The people were not speaking Korean.

◈ 해설

**1, 4** 'Was/Were+주어+V-ing~?'의 어순으로 배열
**2, 3, 5** '주어+was/were+not+V-ing'의 어순으로 배열

### STEP 3 - B

**1** I was not exercising
**2** We weren't learning yoga
**3** Was Vicky sending a gift
**4** Were you coming home

◈ 해설

**1, 2** '주어+was/were+not+V-ing'의 어순으로 문장 완성
**3, 4** 'Was/Were+주어+V-ing~?'의 어순으로 문장 완성

## UNIT 05 미래시제 (will/be going to)　　p.111

### STEP 1 - A

**1** will be　　**2** will arrive
**3** am going to join　　**4** is going to finish
**5** are going to go

◆ 해석

**1** 오늘은 더울 것이다.
**2** 그들은 5시에 도착할 것이다.
**3** 나는 그 북클럽에 가입할 것이다.
**4** 그는 그 일을 곧 끝낼 것이다.
**5** 우리는 캠핑하러 갈 것이다.

◈ 해설

**1, 2** 인칭과 수에 상관없이 항상 will을 쓰고 다음에 동사원형을 씀
**3, 4, 5** '주어+be동사+going to+동사원형'의 형태

### STEP 1 - B

**1** am going to stay　　**2** will be
**3** will take　　**4** will pay
**5** are going to travel

◈ 해설

**1, 5** be going to 미래형: 주어+be동사+going to+동사원형
**2, 3, 4** will 미래형: 주어+will+동사원형

**1** '주어+will not+동사원형'의 어순으로 배열

**2** '주어+be동사+not+going to+동사원형'의 어순으로 배열

**3** 'Will+주어+동사원형~?' 의 어순으로 배열

**4** '주어+be going to+동사원형'의 어순으로 배열

**5** 'Be동사+주어+going to+동사원형~?'의 어순으로 배열

## STEP 2 - A

**1** They will not[won't] play
Will they play

**2** She will not[won't] make spaghetti.
Will she make spaghetti?

**3** They are not[aren't] going to marry
Are they going to marry

◆ 해석

**1** 그들은 밖에서 놀 것이다.
그들은 밖에서 놀지 않을 것이다.
그들은 밖에서 놀 거니?

**2** 그녀는 스파게티를 만들 것이다.
그녀는 스파게티를 만들지 않을 것이다.
그녀가 스파게티를 만들 거니?

**3** 그들은 곧 결혼할 것이다.
그들은 곧 결혼하지 않을 것이다.
그들은 곧 결혼할 거니?

◈ 해설

**1,2** will 부정문: 주어+will not[won't]+동사원형
will 의문문: Will+주어+동사원형~?

**3** be going to 부정문: 주어+be동사+not+going to+동사원형
be going to 의문문: Be동사+주어+going to+동사원형~?

## STEP 3 - B

**1** The test will be difficult.

**2** Will you answer the phone?

**3** Ben is going to study abroad.

**4** She won't[will not] watch a horror movie.

◈ 해설

**1** '주어+will+동사원형'의 어순으로 문장 완성

**2** 'Will+주어+동사원형~?'의 어순으로 문장 완성

**3** '주어+be going to+동사원형'의 어순으로 문장 완성

**4** '주어+won't+동사원형'의 어순으로 문장 완성

## STEP 2 - B

**1** I will not be late again.

**2** We are going to miss you.

**3** He is not going to tell the secret.

**4** Will you turn off the TV?

**5** Is the movie going to begin at three?

◈ 해설

**1** will 부정문: 주어+will not[won't]+동사원형

**2** 주어+be going to+동사원형

**3** be going to 부정문: 주어+be동사+not+going to+동사원형

**4** will 의문문: Will+주어+동사원형~?

**5** be going to 의문문: Be동사+주어+going to+동사원형~?

## 단답형&서술형  중등내신 서술형 맛보기

p.114

**1** is leaving

**2** are running

**3** was tying

**4** were singing

**5** am, listening

**6** were, not, playing

**7** will, eat, out

**8** is, going, to, move

**9** No, she, won't

**10** Yes, I, am

**11** A: Were, writing   B: was, checking

**12** A: Is, cutting   B: is, making

**13** A: Will, snow   B: will, be

**14** Are they going to take the subway tomorrow?

**15** The baby is not sleeping now.

**16** Is he drinking a cup of coffee?

**17** I will not[won't] clean the floor.

**18** Were they looking at a map?

**19** am pack → am packing

**20** be going to → am going to

## STEP 3 - A

**1** She will not give up.

**2** I am not going to go out

**3** Will they forgive me?

**4** We are going to win the game.

**5** Are they going to have lunch

**1**

기차가 지금 떠나고 있다.
현재진행형: 주어+am/are/is+V-ing

**2**

그들은 강을 따라 뛰고 있다.
현재진행형: 주어+am/are/is+V-ing

**3**

나는 리본을 묶고 있었다.
과거진행형: 주어+was/were+V-ing

**4**

우리는 노래를 부르고 있었다.
과거진행형: 주어+was/were+V-ing

**5**

현재진행형: 주어+am/are/is+V-ing

**6**

과거진행형 부정문: 주어+was/were+not+V-ing

**7**

will 미래형: 주어+will+동사원형

**8**

be going to 미래형: 주어+be going to+동사원형

**9**

A: 그녀는 박물관에 갈 거니?
B: 아니, 그렇지 않아. 그녀는 미술관에 갈 거야.
will 의문문에 대한 부정의 대답은 'No, 주격 대명사+won't'

**10**

A: 너는 Luke를 만날 거니?
B: 응, 그래. 나는 그를 내일 만날 거야.
be going to 의문문에 대한 긍정의 대답은 'Yes, 주격 대명사+be동사'

**11**

A: 너는 그때 보고서를 쓰고 있었니?
B: 아니, 그렇지 않았어. 나는 내 이메일을 확인하고 있었어.
과거진행형 의문문: Was/Were+주어+V-ing~?
과거진행형: 주어+was/were+V-ing

**12**

A: 그는 지금 양파를 자르고 있니?
B: 응, 그래. 그는 치킨 수프를 만들고 있어.
현재진행형 의문문: Am/Are/Is+주어+V-ing~?
현재진행형: 주어+am/are/is+V-ing

**13**

A: 내일 눈이 내릴까?
B: 아니, 그렇지 않아. 내일은 따뜻할 거야.
will 의문문: Will+주어+동사원형~?
will 미래형: 주어+will+동사원형

**14**

그들은 내일 지하철을 탈 거니?
be going to 의문문: Be동사+주어+going to+동사원형~?

**15**

그 아기는 지금 잠을 자고 있지 않다.
현재진행형 부정문: 주어+be동사+not+V-ing

**16**

그는 지금 한 잔의 커피를 마시고 있다.
→ 그는 지금 한 잔의 커피를 마시고 있니?
현재진행형 의문문: Be동사+주어+V-ing~?

**17**

나는 바닥을 청소할 것이다.
→ 나는 바닥을 청소하지 않을 것이다.
will 부정문: 주어+will not[won't]+동사원형

**18**

그들은 지도를 보고 있었다. → 그들은 지도를 보고 있었니?
과거진행형 의문문: Was/Were+주어+V-ing~?

**19-20**

A: 너 지금 바쁘니?
B: 응, 그래. 나는 지금 내 옷을 싸고 있어.
A: 너 어디 갈 거니?
B: 응. 나는 시애틀로 여행을 갈 거야.

**19**

be동사+V-ing의 형태로 pack → packing

**20**

'주어+be going to+동사원형'에서 주어가 I이므로 am

# 통문장 암기훈련
## 워크북

p.118~121

## Chapter 1 주어

### Unit 01 셀 수 있는 명사

1  I need two spoons.
2  They have five children.
3  My dream job is a writer.
4  The shelves are empty.
5  The cook uses two knives.
6  Many fish live in the lake.
7  Koalas eat leaves.
8  We need an egg and three tomatoes.

### Unit 02 셀 수 없는 명사

1  We drink milk every day.
2  Time is money.
3  Bread is my favorite food.
4  Lisa comes from Seattle.
5  I eat three slices of pizza.
6  Two bags of flour are five dollars.
7  Rachel wants a pair of shoes.
8  Mom buys two bottles of milk every week.

### Unit 03 인칭대명사

1  They like ice cream.
2  It is her book.
3  We invite him for dinner.
4  The sneakers are hers.
5  Our school has a long history.
6  I don't like its shape.
7  The soccer ball is mine.
8  You look like your dad.

### Unit 04 지시대명사

1  This is my new bike.
2  These are my pictures.
3  That is a famous actor.
4  Those are toy robots.
5  I love this sweater.
6  These flowers are sweet.
7  That woman is our neighbor.
8  Those pants are big.

### Unit 01 be동사의 현재형

1 He is my uncle.
2 We are in the library.
3 It is a new jacket.
4 I am sleepy.
5 You are brave boys.
6 They are at the concert hall.
7 You and Brian are diligent.
8 Jake and I are bad at soccer.

### Unit 02 be동사의 부정문

1 I'm not hungry.
2 You're not[You aren't] alone.
3 We're not[We aren't] at home.
4 He's not[He isn't] fat.
5 They're not[They aren't] rich.
6 The store isn't open.
7 It's not[It isn't] my style.
8 Jim isn't late for class.

### Unit 03 be동사의 의문문

1 Are you a student here?
2 Is it a butterfly?
3 Is she in the garden?
4 Are they nervous?
5 Are you twins?
6 Is he in the baseball club?
7 Is it true?
8 Am I too loud?

### Unit 01 일반동사의 현재형 1

1 I like animals.
2 We study math and science.
3 They speak Chinese.
4 I live with my grandparents.
5 My brothers read comic books.
6 You draw well.
7 They sit on the bench.
8 They clean their house.

### Unit 02 일반동사의 현재형 2 (3인칭 단수)

1 Ted has a nice voice.
2 A bear likes honey.
3 Our school finishes at three.
4 She smiles all the time.
5 The store sells books.
6 It grows very fast.
7 She misses her friends.
8 He studies until midnight.

### Unit 03 일반동사의 부정문

1 I don't know her.
2 He doesn't drink milk.
3 We don't live near here.
4 My phone doesn't work.
5 She doesn't cook well.
6 I don't want a new coat.
7 The class doesn't start at nine.
8 They don't have any plans this evening.

### Unit 04 일반동사의 의문문

1 Do you have a pet?
2 Does he teach math?
3 Do they skate well?
4 Do you study at the library?
5 Does Julie remember me?
6 Do we have math class today?
7 Do you need my passport?
8 Does he finish work at seven?

# Chapter 4 동사의 과거형

## Unit 01 be동사의 과거형 1

1 I was in my room then.
2 The test was easy.
3 They were busy yesterday.
4 She was alone last night.
5 We were hungry an hour ago.
6 They were on holiday last week.
7 He was my neighbor last year.
8 It was a letter from Jamie.

## Unit 02 be동사의 과거형 2 (부정문과 의문문)

1 I wasn't late for school.
2 It wasn't your fault.
3 Amy and I weren't in the same class.
4 The cupcakes weren't delicious.
5 Was it rainy last night?
6 Was the concert great?
7 Were you sick yesterday?
8 Were they in the hospital?

## Unit 03 일반동사 과거형 1 (규칙 변화)

1 I dropped a fork.
2 We studied at home yesterday.
3 The game started a few minutes ago.
4 The snow stopped this morning.
5 Our family planned a trip.
6 The waiter carried the food.
7 He called you an hour ago.
8 I exercised at the gym yesterday.

## Unit 04 일반동사 과거형 2 (불규칙 변화)

1 I cut the cake in four pieces.
2 The police caught the thief.
3 We won the last game.
4 We saw a circus yesterday.
5 The train left ten minutes ago.
6 He ate pizza for dinner.
7 She read this book last year.
8 Amy kept my secret.

## Unit 05 일반동사 과거형 3 (부정문과 의문문)

1 She didn't wait for me.
2 We didn't go to school.
3 My mom didn't wake me up.
4 He didn't agree with me.
5 Did they hear the news?
6 Did Kate pass the test?
7 Did you lock the door?
8 Did you bring your lunch box?

Chapter 5 진행형과 미래시제

## Unit 01  현재진행형 1

1 I am drawing a puppy.
2 He is riding a bicycle now.
3 They are painting the house.
4 I am writing a letter.
5 He is cutting potatoes.
6 We are watching a movie now.
7 The train is leaving now.
8 My dad is fixing the computer.

## Unit 02  현재진행형 2 (부정문과 의문문)

1 I am not talking to you.
2 He is not reading a newspaper.
3 We are not playing catch.
4 They are not doing their homework.
5 Is he sleeping?
6 Is Kate practicing the violin?
7 Are the men moving the furniture?
8 Are they travel(l)ing to China?

## Unit 03  과거진행형 1

1 Jane was running in the park.
2 He was waiting outside.
3 I was sending a message.
4 The river was flowing slowly.
5 Students were taking a test.
6 You were flying a kite.
7 They were playing music.
8 We were crossing the street.

## Unit 04  과거진행형 2 (부정문과 의문문)

1 We were not eating dinner.
2 You were not wearing socks.
3 I was not exercising at that time.
4 She was not speaking Korean.
5 Were you buying donuts?
6 Was William doing the laundry?
7 Were they coming home at that time?
8 Was he setting the table?

## Unit 05  미래시제 (will / be going to)

1 They will arrive at five.
2 She will not give up.
3 Will you turn off the TV?
4 Will you answer the phone?
5 We are going to travel to England.
6 You are going to win the game.
7 Is he going to move to Seoul?
8 Ben is not going to study abroad.

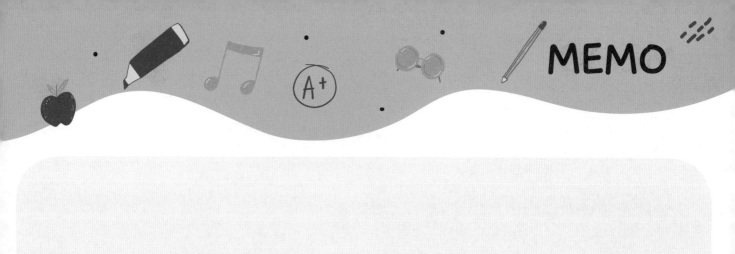

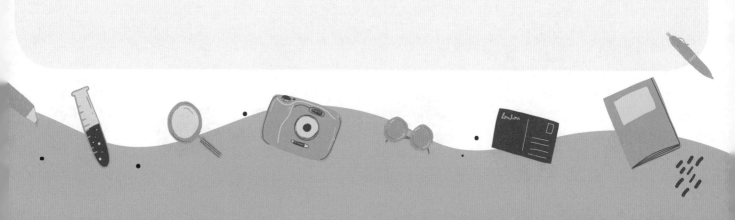

## 중학교 서술형을 대비하는 기적 같은 첫걸음

＊ 처음 영작문을 시작하는 기초 영문법+쓰기 입문서

＊ 두 권으로 끝내는 중등 내신 서술형 맛보기

＊ 간단하면서도 체계적으로 정리된 이해하기 쉬운 핵심 문법 설명

＊ 학교 내신 문제의 핵심을 정리한 Step-by-Step 영문법+쓰기

＊ 통문장 암기 훈련 워크북으로 스스로 훈련하며 영문법 완전 마스터

＊ 어휘 출제 마법사를 통한 어휘 리스트, 테스트 제공

이번 생에 영문법은 처음이라...

| | 초1 | 초2 | 초3 | 초4 | 초5 | 초6 | 중1 | 중2 | 중3 | 고1 | 고2 | 고3 |
|---|---|---|---|---|---|---|---|---|---|---|---|---|

**Writing**

- 공감 영문법+쓰기 1~2 (초5~초6)
- 도전만점 중등내신 서술형 1~4 (초6~중3)
- 영어일기 영작패턴 1-A, B · 2-A, B (초4~초6)
- Smart Writing 1~2 (초4~초6)

**Reading**

- Reading 101 1~3 (초5~중1)
- Reading 공감 1~3 (초5~중1)
- This Is Reading Starter 1~3 (초5~중1)
- This Is Reading 전면 개정판 1~4 (초6~고1)
- This Is Reading 1-1 ~ 3-2 (각 2권; 총 6권) (초6~고1)
- 원서 술술 읽는 Smart Reading Basic 1~2 (초6~중1)
- 원서 술술 읽는 Smart Reading 1~2 (중3~고2)
- [특급 단기 특강] 구문독해 · 독해유형 (고1~고3)

**Listening**

- Listening 공감 1~3 (초6~중1)
- The Listening 1~4 (초5~중3)
- After School Listening 1~3 (초6~중2)
- 도전! 만점 중학 영어듣기 모의고사 1~3 (초6~중3)
- 만점 적중 수능 듣기 모의고사 20회 · 35회 (고1~고3)

**TEPS**

- NEW TEPS 입문편 실전 250+ 청해 · 문법 · 독해 (초6~고1)
- NEW TEPS 기본편 실전 300+ 청해 · 문법 · 독해 (초6~고1)
- NEW TEPS 실력편 실전 400+ 청해 · 문법 · 독해 (중1~고2)
- NEW TEPS 마스터편 실전 500+ 청해 · 문법 · 독해 (중2~고3)

# 이것이 THIS IS 시리즈다!

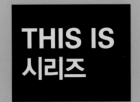